Making Things Wearable

Intelligente Kleidung selber schneidern

René Bohne

O'REILLY®

Beijing · Cambridge · Farnham · Köln · Sebastopol · Tokyo

O'Reilly Verlag
Balthasarstr. 81
50670 Köln
E-Mail: kommentar@oreilly.de

Copyright:
© 2012 by O'Reilly Verlag GmbH & Co. KG
1. Auflage 2012

Bibliografische Information der Deutschen Nationalbibliothek
Die Deutsche Nationalbibliothek verzeichnet diese Publikation in der Deutschen Nationalbibliografie; detaillierte bibliografische Daten sind im Internet über *http://dnb.d-nb.de* abrufbar.

Lektorat: Volker Bombien, Köln
Korrektorat: Dr. Dorothée Leidig
Satz: III-Satz, Husby; www.drei-satz.de
Umschlaggestaltung: Michael Oreal, Köln
Produktion: Karin Driesen, Köln
Belichtung, Druck und buchbinderische Verarbeitung:
Media-Print, Paderborn

ISBN 978-3-86899-191-8

Dieses Buch ist auf 100% chlorfrei gebleichtem Papier gedruckt.

Inhalt

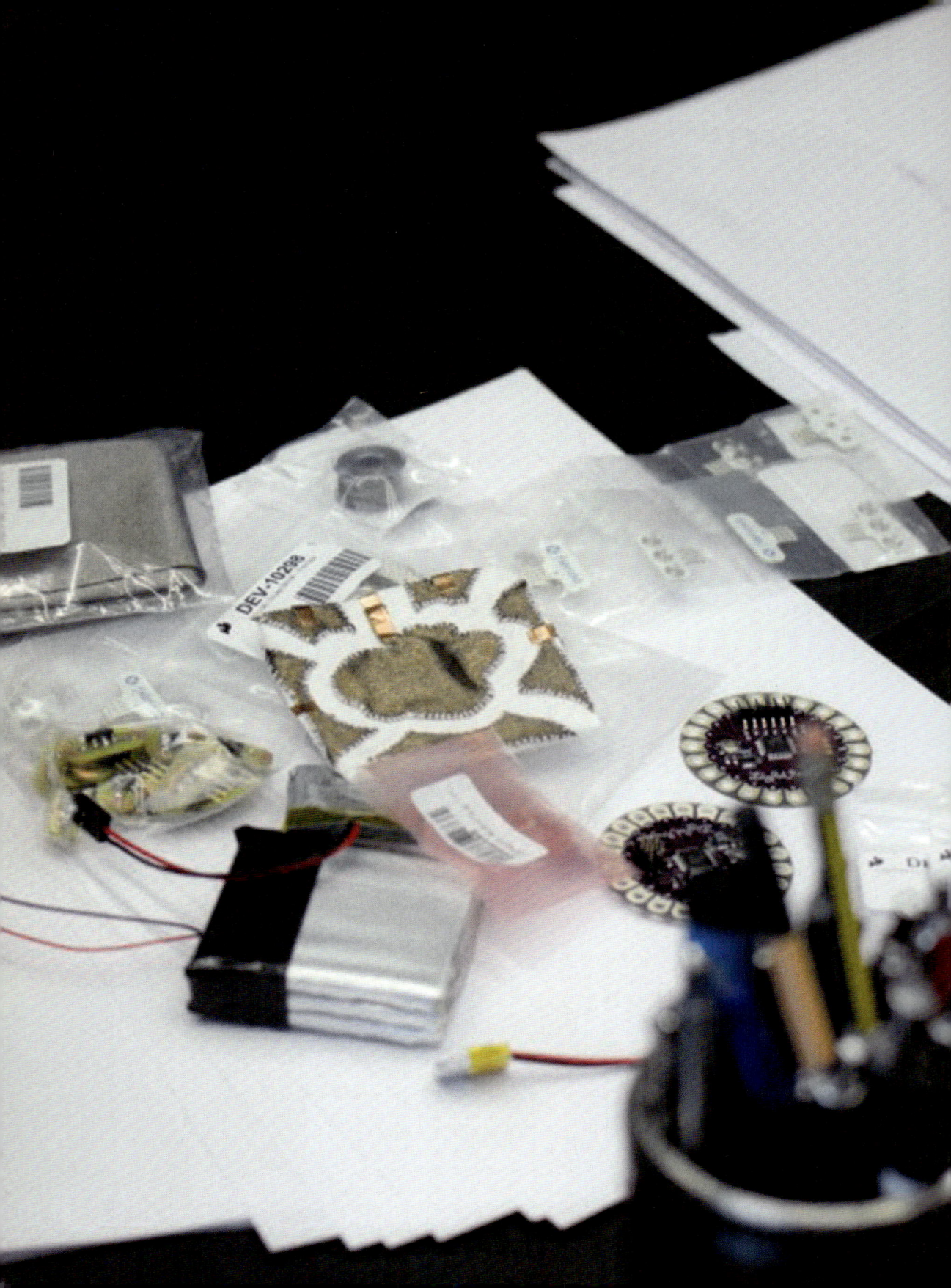

Vorwort

Vor einigen Jahren schrieb Tom Igoe ein Buch mit dem Titel *Making Things Talk*. Er beschreibt dort, wie man Geräte bauen kann, die miteinander sprechen können. Es geht aber auch darum, wie Menschen mit diesen Geräten kommunizieren können. Es ist ein großartiges Buch, um einen Einstieg in *Physical Computing* zu finden. Kleidung und textile Anwendungen spielen in seinem Buch aber keine große Rolle. *Making Things Wearable – Intelligente Kleidung selber schneidern* möchte genau an dieser Stelle einhaken und dir zeigen, wie du Geräte herstellen kannst, die tragbar sind. Tragbar wie Kleidung. Wir sprechen auch nicht mehr von Geräten, sondern von *interaktiven Kleidungsstücken*.

Für wen dieses Buch gedacht ist

Dieses Buch wurde für Menschen geschrieben, die Spaß am Nähen haben. Dieses Buch wurde auch für Menschen geschrieben, die Spaß an Elektronik haben. Bisher waren das nicht unbedingt dieselben Menschen, aber das Thema Wearable Computing ist eine spannende Schnittstelle, um beide Gruppen zusammen zu bringen. Wir nähen Elektronik!

Vielleicht bist du eine Modedesignerin auf der Suche nach frischen Elementen, die auffallen sollen. Leuchtende Jacken oder Kleider, die ihre Form verändern, sind noch relativ selten auf den Laufstegen dieser Welt. Vielleicht bist du ein Informatiker und möchtest einen Computer auf der Kleidung tragen? Man kann alles mit Klebeband fixieren, aber sicher ist es langlebiger, wenn man die Bauteile an die Kleidung näht? Viele Programmierer schreiben sehr komplexe Software, die unglaublich viel vollbringt. Aber vieles lebt nur im Rechner; es bleibt virtuell. Wearable Computing ist eine tolle Möglichkeit, Programme in die Wirklichkeit zu holen. Vielleicht bist du eine Hobbyschneiderin und suchst nach neuen, kreativen Ideen, um das Hobby noch spannender zu machen? Heutzutage kosten die Komponenten nicht mehr viel, vermutlich lohnt sich also ein Blick in die Elektronikwelt für dich und deine Freunde. Vielleicht bist du ein Grundschüler und möchtest heute schon die Klamotten von morgen tragen. Kaufen kann man sie noch nicht, deswegen bist du selbst gefordert. Du lernst dabei etwas über Strom und über Textilien. Vielleicht findet auch deine Lehrerin das Thema spannend und möchte gemeinsam mit euch etwas basteln.

Es ist auch gut zu wissen, für wen dieses Buch nicht gedacht ist: Theoretiker werden wenig Freude an diesem Werk haben. Wir werden physikalische Prozesse nicht auf höchster Abstraktionsebene diskutieren, sondern stattdessen Nadel und Faden in die Hände nehmen! Alles wird praktisch angegangen. Es sollte dir mehr Freude bereiten, eine LED auf einer Jacke zum Blinken zu bringen, als dieses Wunder der Technik nur theoretisch zu verstehen. Bedenke jedoch, dass es zu einfach gedacht ist, sich als Theoretiker abstempeln zu lassen. Jeder kann diese LED zum Leuchten bringen, man muss es nur versuchen und auch Dinge ausprobieren, die eigentlich trivial erscheinen.

Was du wissen musst

Um den größten Nutzen aus diesem Buch zu ziehen, solltest du weder Angst vor einer Nähnadel noch vor einem Computer haben. Du solltest dich etwas mit dem Internet auskennen – und das war es auch schon. Natürlich schadet es nicht, Erfahrung in der Programmierung von Mikrocontrollern zu besitzen. Wer weiß, was ein Schnittmuster ist, ist klar im Vorteil. Grundwissen über Elektronik aus dem Physikunterricht schadet auch nicht. Es geht aber hoffentlich auch ohne. Das Wichtigste, das du wissen musst, ist: Wo kann ich Dinge nachschlagen, die ich nicht auf Anhieb verstehe? Es gibt viele Bücher, die helfen können und auch das Internet ist voll mit weiterführenden Informationen. Wenn du nicht mehr weißt, was der Unterschied zwischen Gleichspannung und Wechselspannung ist, dann reicht es vielleicht, einen kurzen Blick in *Wikipedia* zu werfen.

Inhalt dieses Buchs

Dieses Buch dient als praktische Einführung in die Welt von eFashion und Wearable Computing. Es ist kein Schulbuch und auch keine wissenschaftliche Referenz. In diesem Buch wird weder die hohe Kunst des Nähens beschrieben, noch die Grundlagen der Physik erklärt. Du lernst nicht, wie das Internet funktioniert und auch nicht, wie man einen Transistor herstellt. Hier ist alles viel einfacher. Du kaufst ein paar Bauteile und etwas Stoff, besorgst die nötigen Werkzeuge und kannst ein Projekt nach dem anderen bearbeiten. Es ist ein Kochbuch, wobei die Zutaten elektronische Bauteile und Textilien sind.

In *Kapitel 1* werden dir die Grundlagen der elektronischen Mode vorgestellt. LEDs leuchten, wenn Schalter gedrückt werden. Der Einstieg in das Thema ist relativ kostengünstig, da nur elektronische Komponenten und leitendes Garn verwendet werden.

In *Kapitel 2* kommt der LilyPad Arduino ins Spiel. Er macht aus eFashion schließlich Smart Fashion oder Wearable Computing. Es ist ein Computer, der auf die Kleidung genäht wird. Einfache Beispiele führen dich schrittweise an die Hardware heran, und nebenbei lernst du die Programmierung der kleinen Bauteile.

Kapitel 3 macht da weiter, wo Kapitel 2 aufgehört hat. Es geht weiterhin um den LilyPad Arduino, aber die Beispiele werden etwas komplexer. Töne werden erzeugt, Temperatur und Bewegung werden gemessen, und am Ende wird mit einem Computer kommuniziert und eine RGB LED in vielen Farben zum Leuchten gebracht.

In *Kapitel 4* wirst du Techniken und Materialien kennen lernen, die in vielen eFashion-Projekten benutzt werden. Grundlagen wie Löten oder LED Sequins herstellen werden hier beschrieben, aber es kommen auch ein paar exotische Sachen vor wie EL-Schnur oder leitende Farbe.

Kapitel 5 behandelt textile Sensoren. Aus den Materialien, die du in Kapitel 4 kennen gelernt hast, wirst du nun eigene Sensoren herstellen, die an einen Mikrocontroller angeschlossen werden können.

Kapitel 6 liefert einen Überblick über das Aniomagic Sparkle System. Du lernst die Hardware kennen und siehst, wie einfach die Programmierung ist. Diese Module werden einfach vor den Computerbildschirm oder ein Smartphone gehalten, um sie zu programmieren.

Kapitel 7 beinhaltet zwei Nähprojekte: eine Handtasche und einen Rock. In der zweiten Hälfte des Kapitels findest du Projekte, die bekannte Mitglieder der Wearable-Computing Szene erstellt haben. Von hier aus findest du weitere Inspiration im Internet.

Bauteile kaufen

Sicher gibt es in deiner Stadt keinen Laden, der alle Bauteile auf Lager hat, die du für die Projekte in diesem Buch benötigst. Das Internet hilft weiter, allerdings gibt es auch online nicht alles, zumindest nicht direkt von deutschen Lieferanten. Viele Shops liefern nicht an Privatpersonen, andere haben noch nie von einem LilyPad Arduino gehört. Du kannst natürlich im Ausland bestellen, aber das ist manchmal umständlich und oft auch mit zusätzlichen Importkosten verbunden. Aber zum Glück gibt es doch einen Online-Shop, der alles anbietet. Watterott electronic ist für Deutschland das, was sparkfun.com für die USA ist. Man kriegt dort alles, was man sich wünschen könnte. Und das Beste: Für einige Kapitel des Buchs gibt es fertige Kits, die den Einstieg vereinfachen sollen und zudem auch charmant kalkuliert sind. Die Adresse lautet: *http://www.watterott.com*

Es gibt auch viele kleine Shops, die etwas anbieten, google doch einfach nach *Arduino Shop* und vielleicht gibt es ja doch einen Lieferanten in deiner Nähe.

Für einfachere Bauteile wie Widerstände usw. kann man gut bei *http://www.pollin.de*, *http://www.conrad.de* oder *http://www.reichelt.de* stöbern.

Nähzubehör gibt es glücklicherweise in fast jedem Bastelgeschäft, viele Städte haben sogar mehrere Textilgeschäfte. Auch Supermärkte bieten erstaunlich viel in diesem Bereich. Wer solche Geschäfte nicht vor Ort hat, kann im Internet alles finden. Du kannst die Sachen auch bei Ebay oder Amazon zu bestellen.

Nutzung der Codebeispiele

Dieses Buch soll dir helfen, deine Idee zu verwirklichen. Im Allgemeinen darfst du den Code in diesem Buch in deinen Programmen und Dokumentationen benutzen. Du musst nicht unsere Erlaubnis einholen, sofern du nicht einen größeren Anteil des Codes reproduzierst.

Beispielsweise bedarf es keiner Genehmigung, ein Programm zu schreiben, das mehrere Codeabschnitte aus diesem Buch verwendet. Der Verkauf oder Vertrieb einer CD-ROM mit Beispielen aus O'Reilly-Büchern erfordert hingegen eine Genehmigung. Eine Frage zu beantworten, indem man dieses Buch zitiert und Beispielcode daraus verwendet, erfordert keine Genehmigung. Eine größere Menge von Beispielcode aus diesem Buch in der Dokumentation deines Produkts zu verwenden, erfordert allerdings eine Genehmigung.

Wir freuen uns über jeden Quellennachweis. Ein Nachweis enthält normalerweise Titel, Autor, Verlag und ISBN, zum Beispiel so: »Making Things Wearable – Intelligente Kleidung selber schneidern, von René Bohne. Copyright 2012 O'Reilly, 978-3-86899-191-8.« Wenn du glaubst, dass die von dir beabsichtigte Nutzung der Codebeispiele nicht unter die oben angegebenen Erlaubnisse fällt, dann schreib uns gerne an *permissions@oreilly.com*.

Du findest den Quellcode online, bei github: *https://github.com/ renebohne/Making-Things-Wearable*

Außerdem gibt es bei jedem Projekt einen direkten Link zum jeweiligen Quellcode. Diesen Code kannst du einfach in die Arduino IDE kopieren und direkt los legen.

Außerdem gibt es den gesamten Quellcode als ZIP Datei unter folgender Adresse:

http://tinyurl.com/making-things-wearable

Nutzung der Schaltungsbeispiele

Auch wenn wir dich dazu anstiften wollen, abenteuerlustig zu sein, möchten wir auch, dass deine Sicherheit gewährleistet ist. Bitte geh keine unnötigen Risiken beim Bau der Projekte aus diesem Buch ein. Jede Anleitung wurde mit deiner Sicherheit im Hinterkopf geschrieben. Ignorieren der Sicherheitshinweise geschieht auf eigene Gefahr. Du solltest dir sicher sein, dass du das ausreichende Maß an Wissen und Erfahrung hast, um die Arbeit in einer sicheren Weise durchzuführen.

Bitte beachte, dass die Projekte und Schaltungen in diesem Buch nur als Handlungsanleitungen gedacht sind. Details wie Stromversorgung, automatische Resets, HF-Abschirmung und andere Dinge, die für die Zertifikation eines für den Handel bestimmten elektronischen Geräts nötig sind, sind hier nicht enthalten. Wenn du echte Produkte entwirfst, die von anderen Menschen als dir selbst benutzt werden sollen, verlass dich bitte nicht nur auf die Informationen aus diesem Buch.

Danksagungen

Dieses Buch ist das Ergebnis vieler Gespräche und Bastelarbeiten. Auch Projekte im Internet haben mich inspiriert. Zum Thema Wearable Computing bin ich durch meine Diplomarbeit gekommen. Prof. Dr. Jan Borchers ist es zu verdanken, dass ich mich intensiv mit Mikrocontrollern auf Kleidung beschäftigt habe. Details zu unserem LumiNet-Projekt findest du in Kapitel 7.

Neben Jan Borchers gilt mein Dank auch Christoph Schwaeppe, Manuel Dejonghe und allen anderen von dorkbot.de – einer Tüftlergruppe, die sich jeden dritten Mittwoch des Monats in Aachen trifft. Wir basteln dort mit Mikrocontrollern und sehen sehr früh die neusten Trends in der DIY Community und der internationalen Maker-Szene. Ohne diese kontinuierliche Inspiration hätte ich das Interesse an dem Thema sicher längst verloren. Besonders bedanken möchte ich mich bei Volker Bombien, der nicht nur das ein oder andere dorkbot.de-Treffen besucht hat, sondern auch die Maker-Szene in Deutschland durch tolle Buchtitel voran bringt. Er hat mich zu diesem Buch überredet und es als Lektor professionell betreut.

Die zweite Schlüsselfigur, die zu diesem Buch geführt hat, ist Mariana Bocoi. Ich danke ihr sehr, dass sie alle Projekte genäht hat und jedes kleine Detail mit mir diskutiert hat. Sie hat jeden Schritt vor der Kamera vorgeführt, damit ich ein paar hilfreiche Fotos schießen konnte.

Leider beschäftigen sich in Deutschland bisher noch wenige Menschen mit Wearable Computing. Es gibt aber einen sehr aktiven Austausch im Internet. Ich danke allen Menschen, die in Kapitel 7 auftauchen, allen voran Leah Buechley und Hannah Perner-Wilson. Ohne ihre Arbeiten wäre dieses Buch nicht denkbar gewesen! Stephan Watterott möchte ich auch besonders danken, da er mir viele Komponenten besorgt hat und auch früh seine Unterstützung für dieses Buch zugesagt hat. Ohne ihn würde ich heute noch auf das ein oder andere Bauteil warten!

Zu guter Letzt vielen Dank meiner Familie und meinen Freunden. Und obwohl ich es nicht tun soll: lieben Dank, Anja! Ohne dich hätte ich das Projekt nie zu Ende führen können.

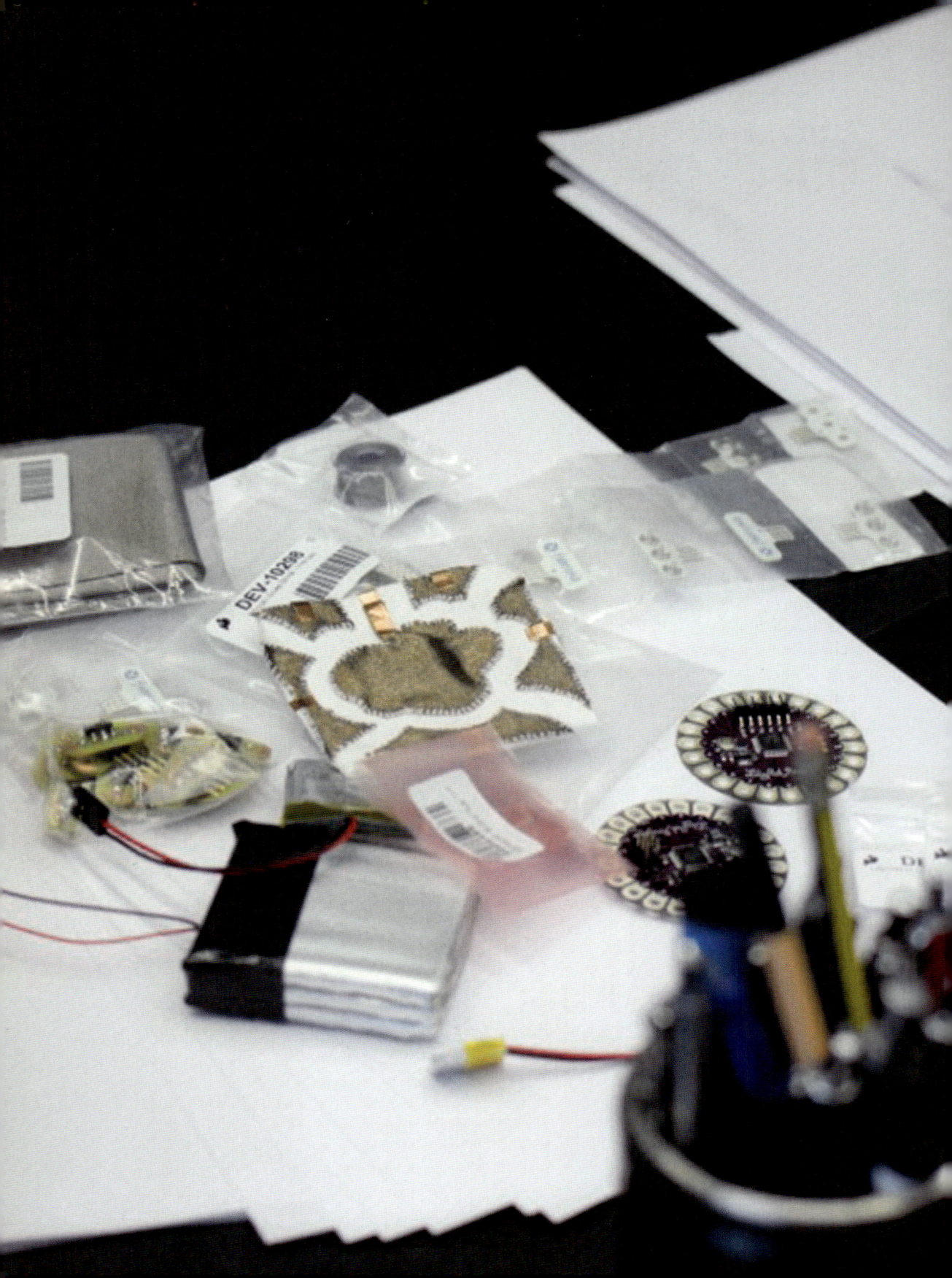

eFashion – Die Grundlagen

Mode kann noch spannender gestaltet werden, wenn man elektronische Komponenten in Kleidung einarbeitet. Man spricht dann von eFashion. Elektronische Grundlagen werden in diesem Kapitel vermittelt. Wir werden Begriffe wie *Spannung*, *LED*, *Schalter*, *Batterie*, *Reihenschaltung* und *Parallelschaltung* kennenlernen und den Umgang mit dem Multimeter üben, um damit Spannung zu messen. Mit *Schaltzeichen* und *Schaltbildern* werden wir elektronische Schaltungen planen, die dann mit *leitendem Garn* und *elektronischen Bauteilen* auf Stoff realisiert werden. Als praktische Projekte warten textile Batteriehalter, eine Blume mit Batterie, Schalter und LED und ein Tic-Tac-Toe-Spiel mit drei LEDs auf dich. Einige Tricks verstecken sich in diesem ersten Kapitel, wie z.B. korrekt gebogene LEDs.

Wer noch nie mit Widerständen oder Leuchtdioden gearbeitet hat, wird feststellen, dass man kein Elektrotechniker sein muss, um einfache Schaltungen aufzubauen. Wenn du die Schritt-für-Schritt-Anleitungen sorgfältig beachtest, kann eigentlich nichts schief gehen. Alle Projekte in diesem Buch sind ungefährlich, da wir nur mit geringen Spannungen arbeiten. Leuchtende Jacken und T-Shirts herzustellen wird nach diesem Kapitel ein Kinderspiel sein. Wie bei allen Näharbeiten sollte man sich jedoch genügend Zeit gönnen und nicht unter Stress arbeiten. Lieber jeden Tag einen kleinen Schritt weiterarbeiten als unter Zeitdruck das ganze Kapitel auf einmal meistern. Wer schon Erfahrung mit Schaltungen hat, wird natürlich etwas schneller vorankommen, aber auch hier gilt:

gemütlich arbeiten und alle Stiche mehrfach überprüfen, damit der Spaß an eFashion nicht getrübt wird.

Bevor es nun richtig los geht, werden wir zunächst eine Einkaufsliste erstellen, damit das benötigte Material und Werkzeug zur Verfügung steht.

Einkaufsliste

Komplett-Set

Watterott electronic bietet die benötigten Bauteile auch als komplettes Set an: Art.-Nr. 20110318

Am einfachsten ist es, wenn du bei *watterott.com* das eFashion Kit bestellst. Wer es vorzieht die Komponenten einzeln zu kaufen, findet hier die Einkaufsliste:

Materialien	Werkzeuge
3V-Knopfzelle CR2032	Nadeln
5 x 5 mm LED	Schere
Leitendes Nähgarn	Multimeter
Nicht leitendes Nähgarn	Bügeleisen
Leitender Stoff	Zangen (rund und eckig)
Nicht leitender Stoff	
Vlieseline	
Vliesofix	

Projekt 1:
LEDs – Polung und Spannung

Eine Leuchtdiode (LED) ist eine kleine Lichtquelle, die sehr wenig Energie benötigt. Sie ist das elektrische Bauteil, das wir mit Abstand am häufigsten in diesem Buch verwenden wollen. Es gibt LEDs in vielen verschiedenen Farben, weit verbreitet sind Gelb, Grün, Rot, Blau und Weiß. Für unser erstes Experiment spielt die Farbe der LED keine Rolle.

Das Einfache an diesem Versuch ist, dass wir weder nähen noch löten müssen. Steck einfach die Batterie zwischen die beiden Beinchen der LED. Ein Beinchen ist etwas kürzer als das andere. Das kurze Bein nennt man Kathode oder Minuspol der LED. Das lange Bein ist der Pluspol der LED, den man auch Anode nennt. Leuchtet die LED nicht, obwohl sie mit der Batterie verbunden ist, dann hast du die LED »verpolt«. Eine LED kann nur leuchten, wenn der Pluspol der Batterie mit der Anode der LED verbunden ist und der Minuspol der Batterie mit dem kurzen Bein der LED in Kontakt kommt.

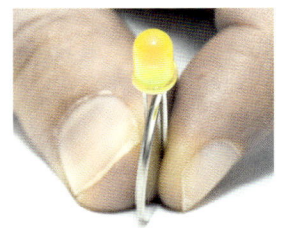

Probier es aus – dreh die LED um! Falls die LED gar nicht leuchtet, kann es sein, dass die Beine keinen Kontakt zur Batterie haben. Es lohnt sich, die Beinchen ein wenig zu verbiegen.

Eine Batterie hat also einen Pluspol und einen Minuspol. Wenn man genauer hinguckt, findet man auf der Knopfzelle sogar ein Plus-Symbol. Die Seite, auf der dieses Symbol zu erkennen ist, ist offensichtlich der Pluspol der Batterie. Die andere Seite ist meist nicht gekennzeichnet und kann nur der Minuspol der Batterie sein. Zwischen den beiden Polen liegt eine elektrische Spannung an. Sie wird in der Einheit Volt gemessen. Man schreibt dafür auch kurz nur ein großes V. Die Knopfzelle aus unserem Versuch sollte 3 V haben. Da eine Batterie eine sogenannte Gleichspannung liefert, existieren genau zwei Pole: Plus und Minus. Man nennt das die Polarität einer Batterie, manchmal sagt man auch Polung dazu.

> **Gleichspannung und Wechselspannung**
>
> Gleichspannung hat immer genau zwei Pole: Plus und Minus. Die Polarität verändert sich nicht. Bei Wechselspannung verändert sich die Polarität. Die Spannung zwischen den Polen verändert sich mit regelmäßiger Wiederholung. In unseren Steckdosen finden wir 230 V Wechselspannung. Diese ist nicht für die Experimente in diesem Buch geeignet und ist lebensgefährlich!

Projekt 2:
Textiler Batteriehalter

Obwohl die theoretischen Grundlagen aus Projekt 1 sehr wichtig sind, war das alles bisher noch nicht wirklich nützlich. Im zweiten Projekt sollst du deswegen auf deine Kosten kommen und etwas nähen! Die Knopfzelle soll für alle späteren Projekte in diesem Kapitel die nötige Spannung bereitstellen. Da wäre es doch sehr praktisch, wenn sie auf Kleidung fast unsichtbar wäre. Das geht am einfachsten, wenn wir die Knopfzelle mit etwas Stoff bedecken. Allerdings müssen die beiden Pole der Batterie nach außen geführt werden, damit daran die weiteren Komponenten wie z. B. LEDs angeschlossen werden können.

Dieser einfache Batteriehalter besteht aus einem textilen Band, das du z. B. von einem Schlüsselanhänger nehmen kannst. Die Knopf-zelle wird von dem Band umwickelt und der Clou ist, dass dabei zwei elektrisch leitende Flächen in Kontakt mit jeweils einem Pol der Batterie kommen. Der Kontakt ist oft besser, wenn sehr eng genäht wird. Leicht flexible Gewebe eignen sich besonders gut. Die Batterie kann seitlich aus dem Halter entfernt und bei Bedarf durch eine neue Batterie ersetzt werden. Dabei sollte man sich die Orien-tierung der Batterie merken, damit sie nicht falsch herum neu ein-gesetzt und so verpolt in die Schaltung eingebaut wird.

Du brauchst

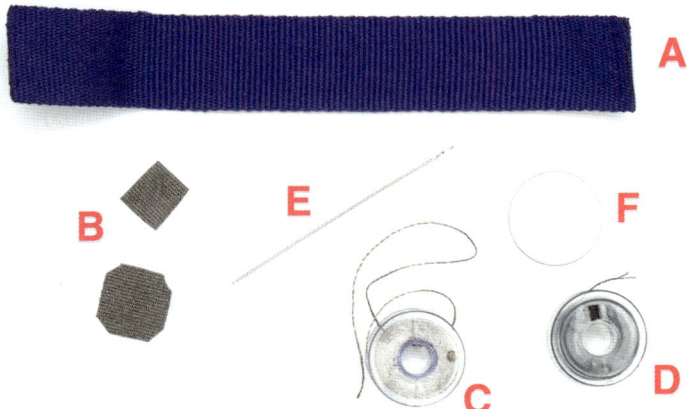

A: Flexibles Band, etwa 2 cm breit, das die Batterie versteckt

B: Zwei kleine Stücke elektrisch leitendes Gewebe

C: Leitendes Garn

D: Nicht leitendes Garn

E: Nähnadel

F: Knopfzelle CR2032 oder CR2016

Außerdem brauchst du eine Schere, um den Stoff und das Garn schneiden zu können.

Schritt 1: Zuschnitt und Vorbereitung

Schneide das leitende Gewebe (B) zu. 1 cm breite Quadrate oder Kreise sind ideal. Auf keinen Fall sollten sie breiter als 1,5 cm sein.

Schneide jeweils etwa 5 cm lange Fäden vom leitenden Garn (C) und vom nicht leitenden Garn (D) ab.

Die Länge des Bandes ist nicht entscheidend. Du kannst eine Länge wählen, die dich beim Nähen nicht stört.

Schritt 2: Pluspol Kontakt nähen

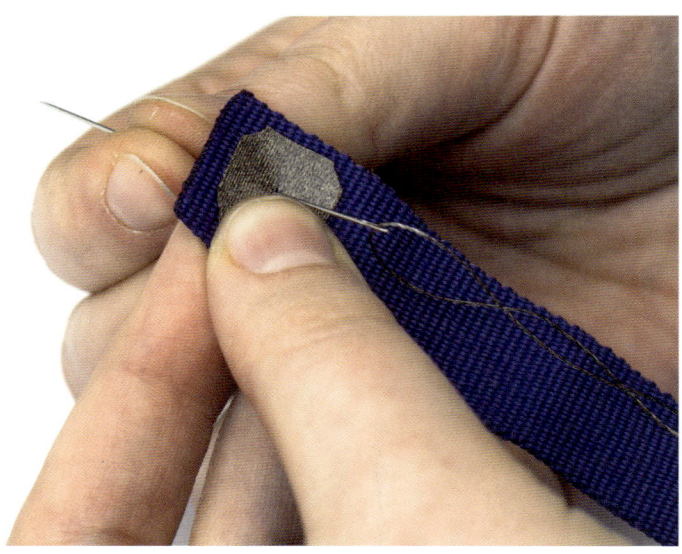

Platziere ein Stück leitendes Gewebe ein paar Millimeter vom kurzen Ende des Bandes entfernt. Mit einem leitenden Faden stichst du durch die Mitte des leitenden Gewebes und mit einigen Stichen vernähst du es mit dem Band.

Es ist sinnvoll, einen doppelten Faden für diese Arbeit zu nehmen.

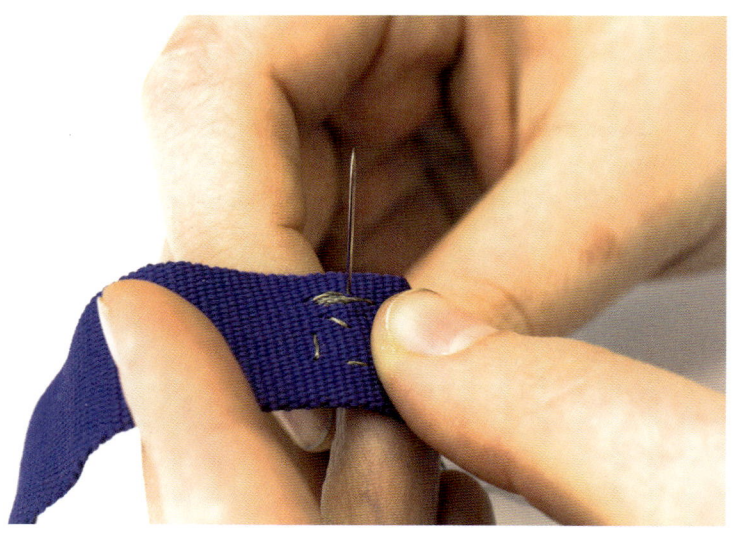

Auf der Rückseite solltest du nach ein paar Stichen eine Stelle schaffen, durch die du später etwas Nähgarn stecken kannst. An dieser breiten Stelle, an der die Nadel herausschaut, wird in Zukunft dein Projekt mit dem Batteriehalter verbunden. Alternativ kannst du auch den Faden lang genug und in der Nadel eingefädelt lassen.

Schritt 2: Minuspol Kontakt nähen

Finde den richtigen Abstand für das zweite Stück leitenden Gewebes. Leg dazu die Batterie auf das Band und rolle es zusammen, so dass der bereits vernähte Kontakt auch wirklich Kontakt mit einem Pol der Batterie hat.

Du kannst das Band nun mit etwas Reserve abschneiden. Man sollte ausreichend Sicherheitslänge einplanen, da die beiden Enden des Bandes noch miteinander vernäht werden müssen.

Bei manchen synthetischen Materialien ist es sinnvoll, die geschnittene Kante mit einem Feuerzeug ein wenig anzuschmelzen. Das kann gegen Ausfransen helfen.

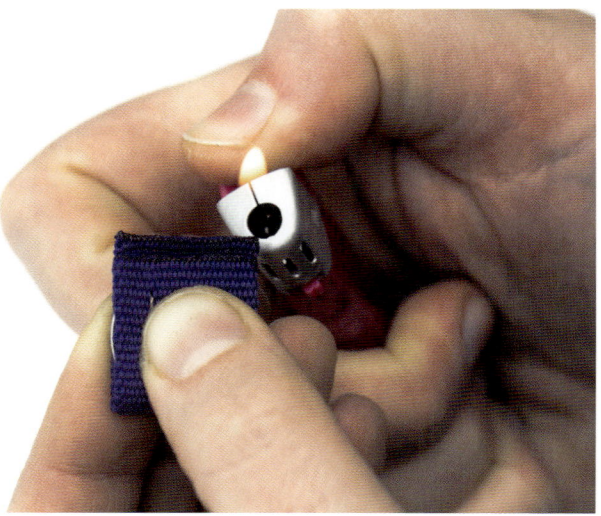

Näh den zweiten Kontakt nun an das Band und vergewissere dich, dass auch wirklich alles passt. Wieder solltest du die Nadel mit einem doppelten Faden zuerst durch das leitende Gewebe stecken und es dann mit dem Band vernähen. Die Rückseite sollte wieder eine Art Schlaufe haben, durch die du später den Kontakt mit weiteren Kontakten verbinden kannst.

Schritt 3: Das Band zusammennähen

Umwickle die Knopfzelle mit dem Band und stelle sicher, dass die beiden leitenden Flächen mit jeweils einem Pol in Kontakt sind.

Mit nicht leitendem Garn muss nun alles fest zusammengenäht werden, damit die Batterie nicht mehr verrutschen kann.

Der Batteriehalter ist fertig und wir werden ihn in Projekt 4 benutzen.

Alternative: Batteriehalter aus Filz

Der erste Batteriehalter reicht zwar für einfache Projekte aus, aber es gibt noch eine bessere Lösung: einen Batteriehalter aus Filz. In diesem Projekt kommt *Vliesofix* zum Einsatz. Das erspart eine Menge Näharbeiten. Wer kein Vliesofix zur Hand hat, kann die entsprechenden Teile aber auch klassisch mit herkömmlichen Garn vernähen.

Du brauchst

A: Ausreichend Filz für zwei Isolationsflächen

B: Ein bisschen leitendes Gewebe

C: Ein paar Reste nicht leitendes Gewebe

- Vliesofix für B und C
- Nicht leitendes Nähgarn
- Ein Bügeleisen, um das Vliesofix auf den Stoff zu bringen
- Eine Schere für den Zuschnitt

Schritt 1: Vliesofix auf B und C bügeln

Vor dem Zuschnitt solltest Du ausreichend Vliesofix auf eine Seite von Form C bügeln.

Bei Form B musst du aufpassen, dass an einem Stoffende etwa eine Daumenbreite frei von Vliesofix bleibt, da es ansonsten zu Problemen mit der elektrischen Leitfähigkeit des Materials kommen kann. Beachte bei Form C, dass die beiden Teile von der gleichen Seite mit Vliesofix beklebt sein müssen, so wie im Foto auf der vorherigen Seite angedeutet.

Schritt 2: Zuschnitt

Als Erstes musst du aus dem Filz die Form A ausschneiden.

Dann aus dem leitenden Gewebe die Form B zuschneiden und dabei darauf achten, dass die eckigen Enden frei von Vliesofix sind. Du hattest dafür in Schritt 1 etwa eine Daumenbreite des Materials frei gelassen.

Schließlich musst du aus dem nicht leitenden Gewebe die Form C schneiden. Die Maße kannst du folgender Zeichnung entnehmen:

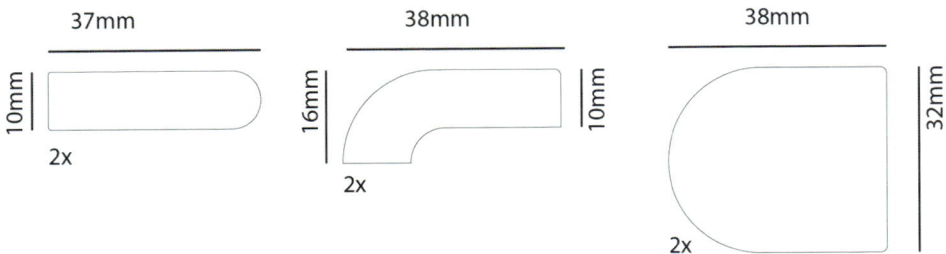

Schritt 3: Bügeln

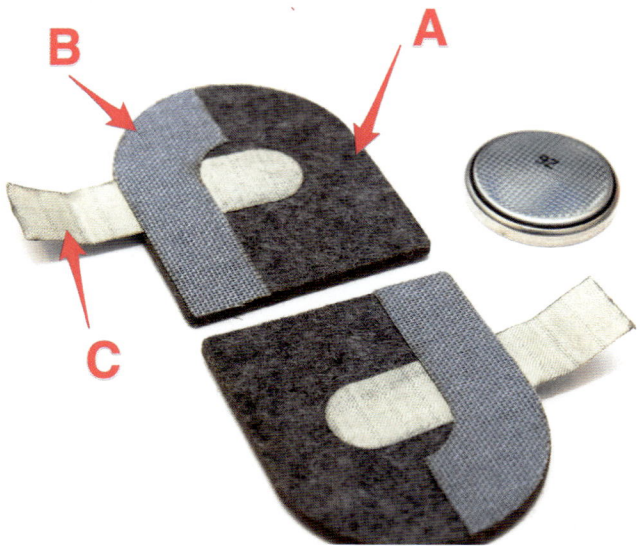

Beide Seiten werden identisch aufgebaut: Lege den Filz (A) mit der runden Seite nach oben. Zieh das Papier vom Vliesofix auf dem leitenden Gewebe (C) ab und bügle es auf den Filz. Das runde Ende muss dabei auf dem Filz liegen und das eckige Ende zeigt nach links weg. Ziehe dann das Papier vom nicht leitenden Stoff (B) ab und bügle es über das leitende Gewebe, so dass es der Form des Filzes folgt.

Die isolierende Schicht ist notwendig, da es sonst zu einem Kurzschluss der Batterie kommen kann, falls die Batterie sich in den Stoff hineindrückt.

Schritt 4: Nähen

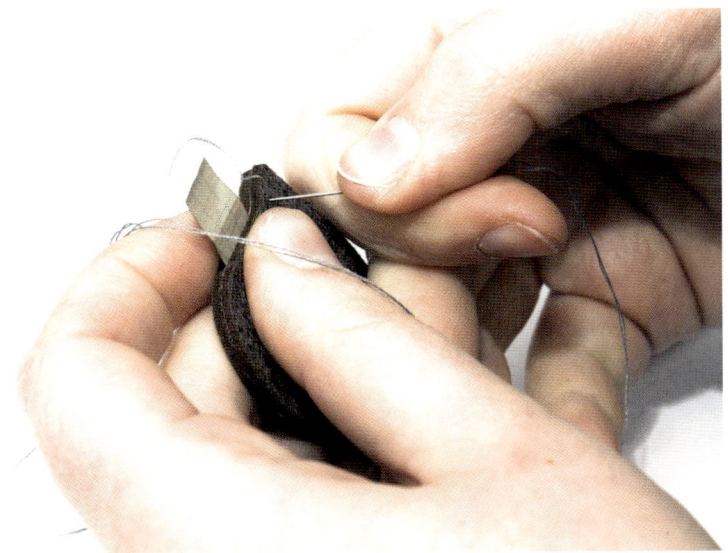

Mit einem einfachen oder einem doppelten Faden kannst du nun die beiden Hälften übereinandernähen, so dass die leitenden Schichten aufeinanderliegen. Achte darauf, dass du nur die beiden langen Seiten und die runde Seite vernähst. Die kurze Seite muss offen bleiben, da dort die Batterie hineingeschoben und bei Bedarf dort auch wieder entnommen wird.

Prüfe mit einer LED, ob zwischen den beiden leitenden Beinen des Halters eine Spannung anliegt. Falls nicht, nähe alles noch fester zusammen. Wenn die LED leuchtet, ist es sinnvoll, die Beine mit + und - zu beschriften und auch auf dem Filz zu notieren, wie herum die Batterie eingelegt werden muss.

Schaltbilder und Schaltzeichen

Elektrische Bauteile zu zeichnen, ist eine Kunstform und meist sehr zeitaufwendig. Einfacher ist es, wenn man stattdessen Symbole zeichnet, die das jeweilige Bauteil repräsentieren. Die folgende Abbildung zeigt die Symbole für LED, Batterie und Schalter. Beachte, dass die Polarität bei dem Batteriesymbol nicht immer eingezeichnet ist und dass bei der LED das kurze Bein da ist, wo die Spitze des Dreiecks auf die waagerechte Linie zeigt.

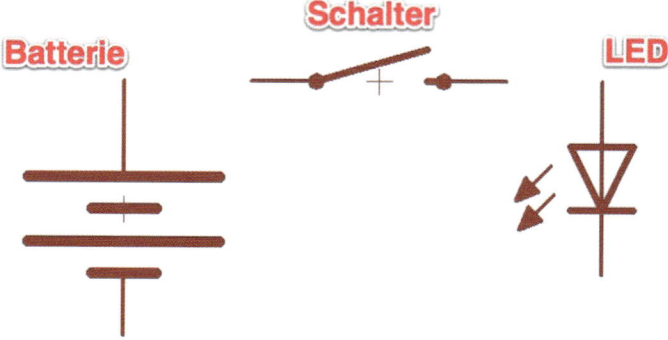

Wenn die Beine der LED Kontakt mit den richtigen Seiten der Batterie haben, schließt sich der Stromkreis und die LED kann leuchten. In Symbolen ausgedrückt sieht das dann so aus:

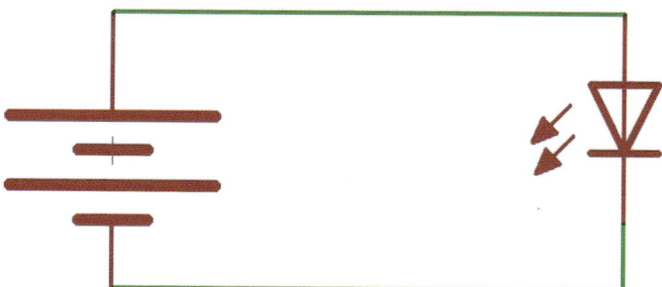

Wir werden später ähnliche Schaltbilder für die Planung der Projekte verwenden.

Das Multimeter

Um die Spannung zu messen, benötigst du ein Multimeter. Das muss nicht teuer sein; es gibt bereits Geräte für unter 10 Euro, die für den Anfang ausreichen. Wenn du ein Multimeter kaufen musst, achte darauf, dass die folgenden Werte damit gemessen werden können: Spannung, Strom, Widerstand und Durchgang. Mehr braucht man nicht. Es ist extrem wichtig, dass das Multimeter einen Durchgangstest machen kann. Hält man dann die beiden Anschlusskabel des Multimeters zusammen, so sollte es piepsen.

Um nun die Spannung mit einem Multimeter zu messen, musst du das rote Kabel in die Buchse stecken, die mit *V* markiert ist, und das schwarze Kabel muss in der mit *COM* gekennzeichneten Buchse sitzen.

Hat dein Multimeter nur zwei Buchsen, ist es natürlich sehr einfach. Bei manchen Geräten steht an der V-Buchse auch + und an der COM-Buchse -. Falls du ein weniger gebräuchliches Messgerät erwischt hast, musst du in der Bedienungsanleitung nachschlagen, wie die Kabel eingesteckt werden müssen.

Halte das Ende des roten Kabels an den Pluspol der Batterie und
das Ende des schwarzen Kabels an den Minuspol.

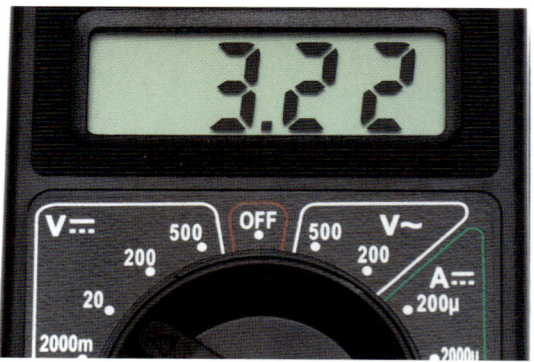

Stelle den Drehschalter so ein wie in der Abbildung. Er steht auf 20.
Das bedeutet, dass der Messbereich in der Dimension von 20 V
Gleichspannung liegt. Damit misst du alle Spannungen in diesem
Buch. Im Display des Multimeters sollten ungefähr 3 V abgelesen
werden. In der Abbildung sind es 3.22, was auf eine besonders volle
Batterie hinweist; das Multimeter kann auch nicht 100% genau
messen; es gibt immer einen Messfehler, den man im Handbuch
nachlesen kann. Misst du weniger Volt, bedeutet das, dass die Batterie nicht mehr ganz voll ist. Falls du Pluspol und Minuspol ver-
tauscht hast, steht außerdem vor dem Wert im Display ein
Minuszeichen. Das ist besonders praktisch, um herauszufinden,
welche Seite einer Batterie Plus und welche Minus ist. Es ist genau
dort Plus, wo das rote Kabel die Batterie berührt – für den Fall, dass

kein Minuszeichen im Display zu sehen ist. Du kannst mit dem Multimeter also nicht nur die Spannung messen, sondern auch die Polarität einer Batterie feststellen. Das ist doch sehr praktisch!

Projekt 3: Schalter und LED

Dies ist deine erste elektronische Schaltung auf Kleidung – dein erstes eFashion-Projekt. Du wirst eine LED auf eine Blume nähen, sie mit einem Schalter verbinden und durch eine Knopfzelle mit Spannung versorgen.

Du benötigst

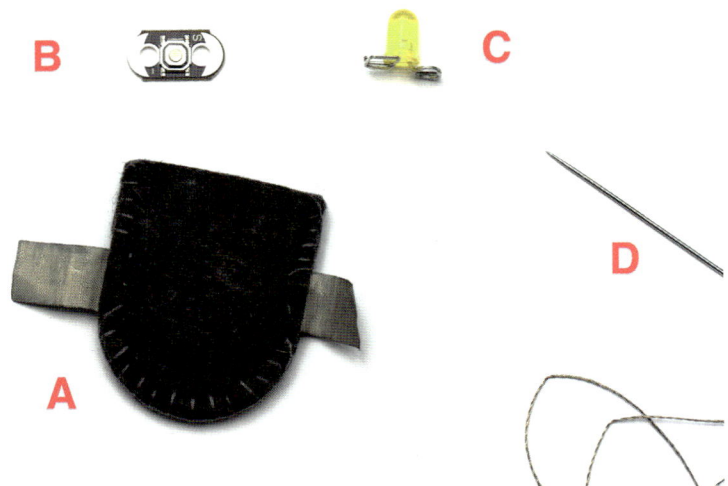

A: Batteriehalter aus Filz und passende CR2032 Knopfzelle

B: LilyPad-Schalter oder Taster

C: 5 mm LED

D: Leitendes Garn und passende Nadel

Außerdem brauchst du ca. 20 cm x 20 cm Stoff für dein Muster. Um die Beine der LED zu biegen, sind darüber hinaus zwei Zangen hilfreich: eine runde und eine eckige.

> **Achtung!**
>
> Bitte beachte, dass es in Experiment 1 nicht schlimm war, wenn du die Polarität vertauscht hattest. In größeren Schaltungen kann dabei aber durchaus etwas kaputtgehen oder deine Schaltung könnte im schlimmsten Fall sogar anfangen zu brennen. Also solltest du stets mit dem Multimeter die Spannung und die Polarität prüfen, wenn du eine Batterie anschließt.

Vorbereitung: LED-Beine biegen

Die Beine der LED sind zu lang und müssten eigentlich gekürzt werden, damit die LED auf der Kleidung aufliegen kann. Dann stellt sich aber die Frage, wie die LED mit leitendem Garn oder Gewebe verbunden werden kann. Es wird schnell klar, dass es viel sinnvoller ist, die Beine zur Seite zu biegen, als sie abzuschneiden. Damit sie nicht stören, solltest du sie ein wenig verbiegen. Wenn du die Beinchen in die Form einer Spirale biegst, kannst du daran leicht einen Faden befestigen. Da man dann jedoch nicht mehr erkennen kann, welches Bein das längere war, bietet es sich an, die beiden Beine in unterschiedliche Formen zu biegen. Die Kathode der LED (das kurze Bein) soll rund gebogen werden, die Anode kann dann eckig gebogen werden. Hier siehst du sechs Zwischenschritte, die verdeutlichen, wie du mit einer runden Zange die Kathode in Form bringst: Fasse das Ende des Beinchens ganz oben mit der Zange an und dreh es nach außen (vom anderen Bein weg). Je nach Zange bietet es sich jetzt an, die zwei Lagen, die durch die Biegung entstanden sind, neu zu greifen oder einfach unverändert eine weitere Umdrehung zu vollziehen. Nach etwa drei oder vier Umdrehungen solltest du am Gehäuse der LED angekommen sein.

Bieg die entstandene Öse senkrecht nach vorne, so wie in Schritt 6 dargestellt.

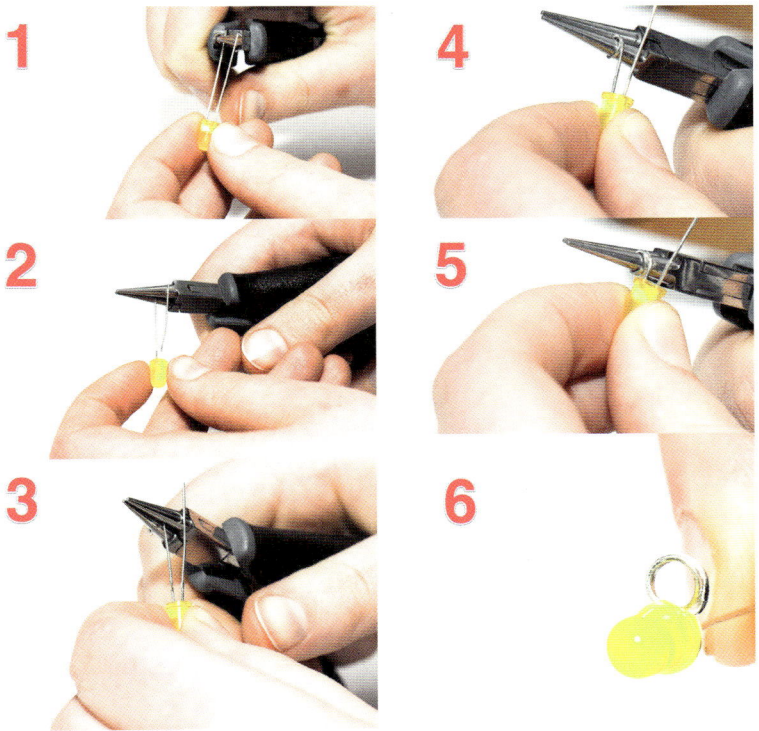

Um die Anode der LED (das lange Bein) eckig zu biegen, ist eine eckige Zange hilfreich. Greife das Ende des Beinchens und biege es senkrecht nach außen. Greife das nächste Stück und biege es ebenfalls um 90 Grad nach außen. Greife das nächste Stück vom Beinchen und wenn du auch dieses senkrecht nach außen biegst, sollte das Ende der LED auf dieses noch nicht verbogene Stück der Anode treffen. Du hast ein Viereck geformt. Biege falls nötig das Bein noch ein wenig weiter, bis nur noch das Gehäuse übrig bleibt. Ähnlich wie in Schritt 6 beim runden Bein musst du nun auch das eckige Stück senkrecht nach vorne kippen, damit du anschließend gut durch diese Öffnung nähen kannst.

Vorbereitung: Planung

Schauen wir uns zunächst den Schaltplan für dieses Projekt an.

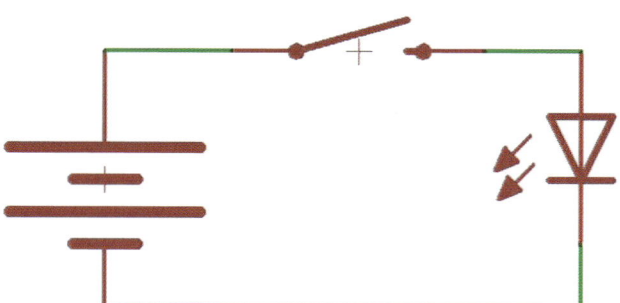

Du siehst eine LED, eine Batterie und einen Schalter. Wie du diese Komponenten auf dem Stoff anordnest, bleibt dir überlassen. Du kannst zum Beispiel eine Blume auf ein Stück Stoff malen, als Blumentopf den Batteriehalter aus Filz nehmen, daran jeweils einen Faden mit elektrischem Garn festnähen, dann mit einem Faden zum LilyPad-Schalter und mit dem anderen Faden zu einem Pol der LED gehen. Dann mit einem weiteren Faden von einem Ende des Schalters zum anderen Pol der LED gehen. Damit das am Ende auch gut aussieht, solltest du die Wege, die du nähen möchtest, vorher mit einem Stück Kreide auf dem Stoff markieren. Oder du machst es dir noch einfacher und bestellst das folgende Muster bei *stoffn*, wo die Naht bereits eingezeichnet ist:

https://www.stoffn.de/detail/motiv/21993.html

Tipp

Planen! Erst zeichnen, dann nähen! Erst wenn das Konzept auf Papier festgelegt ist, solltest du es mit Kreide auf die Textilien übertragen und erst danach mit dem Nähen beginnen.

Schritt 1: Linke Seite mit Schalter nähen

Nimm den Batteriehalter aus Filz und leg ihn passgenau auf den Blumentopf in der Zeichnung. Nimm einen doppelten Faden mit leitendem Garn und stich von oben durch den linken Kontakt aus leitendem Gewebe.

Klappe den Batteriehalter nach links, so dass du den grauen Linien folgen kannst. Mach vier weitere Stiche und nähe dann den grauen Pfad entlang bis zum unteren Ende des Schalters.

Tipp

So oft wie möglich durch die Komponente nähen, ohne dabei durch den Stoff zu nähen! Dadurch sieht die Unterseite besser aus, und wenn man die Komponenten mal austauschen muss, können sie einfacher entfernt werden.

Nähe ein paarmal durch den Schalter und beende die Naht auf der Unterseite. Schneide den Faden ab und fixiere das Ende dort.

Nimm ein neues Stück doppelten Faden aus leitendem Garn und nähe den oberen Kontakt des Schalters gut fest. Folge der grauen Linie bis zum runden Ende der LED. Nähe den Faden fest an die LED und fixiere das Ende auf der Unterseite.

Schritt 2: Rechte Seite nähen

Mit einem neuen Stück leitenden Faden nähst du jetzt das eckige Ende der LED fest. Folge dem rechten grauen Pfad bis hinunter zum rechten Kontakt des Batteriehalters. Beachte, dass der Batteriehalter nach links weg geklappt war, damit du unter ihm den grauen Pfad entlang nähen konntest. Wenn du auf dem rechteckigen Stück angekommen bist, kannst du den Batteriehalter zurückklappen und so den Kontakt festnähen.

Schritt 3: Batteriehalter fixieren

Drücke auf den Schalter, dann sollte die LED leuchten. Wenn alles fest sitzt und einen guten Kontakt hat, kannst du den Batteriehalter am Stoff mit etwas nicht leitendem Garn festnähen.

Projekt 4:
Reihen- und Parallelschaltung

Eine LED reicht vielleicht für eine Blume, aber mehrere LEDs schaden nie. Wenn du zwei LEDs in Reihe schaltest, also die Anode der einen LED mit der Kathode der anderen LED verbindest, dann könnten beide LEDs noch leuchten. Bei drei LEDs in Reihe ist bei der verwendeten Knopfzelle aber Schluss. Die Batterie bietet nicht genug Spannung, um drei LEDs damit in Reihe zu betreiben.

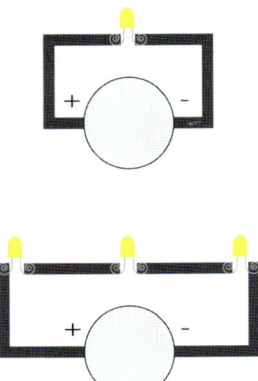

Aus dem Physikunterricht kennst du das *Ohmsche Gesetz*. Diese Regel ist Schuld daran, dass die drei LEDs nicht leuchten. Wir wollen uns damit jetzt nicht weiter beschäftigen, im Internet findest du die Grundlagen.

Schauen wir uns lieber eine Schaltung an, mit der wir 3 LEDs leuchten lassen können: die Parallelschaltung! Vereinfacht ausgedrückt ist in einer Parallelschaltung die Spannung konstant. Man muss nur darauf achten, dass der Gesamtstrom der Schaltung nicht zu groß wird.

Du benötigst

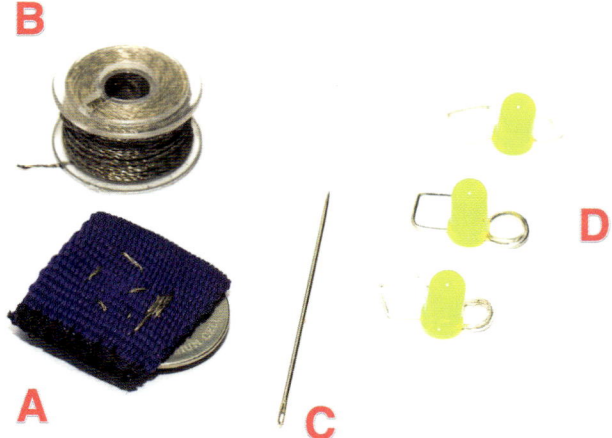

A: Den einfachen Batteriehalter aus Projekt 2 (mit Batterie)

B: Leitendes Garn

C: Nähnadel

D: Drei 5 mm LEDs – bitte vorher biegen!

Außerdem brauchst du 20 cm x 20 cm Stoff mit deinem Muster. Einfacher ist es wieder, wenn du den fertigen Stoff direkt bei stoffn bestellst:

https://www.stoffn.de/detail/motiv/21991.html

Vorbereitung: Planung

Es sollen drei LEDs parallel geschaltet werden. Alle Anoden sind miteinander und mit dem Pluspol der Batterie verbunden. Alle Kathoden sind miteinander und mit dem Minuspol der Batterie verbunden. Ein Schaltbild soll das verdeutlichen:

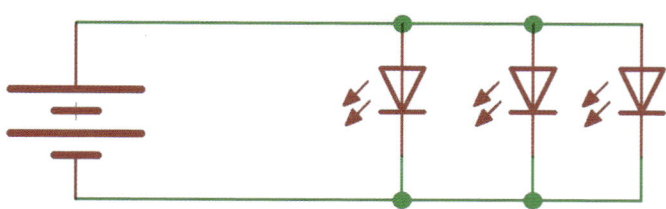

Das Muster unseres Spielfeldes sieht so aus:

Die Kreise füllst du mit LEDs und unten an das Rechteck nähst du den Batteriehalter. Es ist ein Tic-Tac-Toe-Spiel und der Spieler mit den Kreisen hat gewonnen. Als Belohnung leuchten die Kreise. Wenn du lieber mit den Kreuzen spielst, musst du dein eigenes Spielfeld malen und die LEDs dann in die Kreuze nähen.

Schritt 1: Batteriehalter annähen

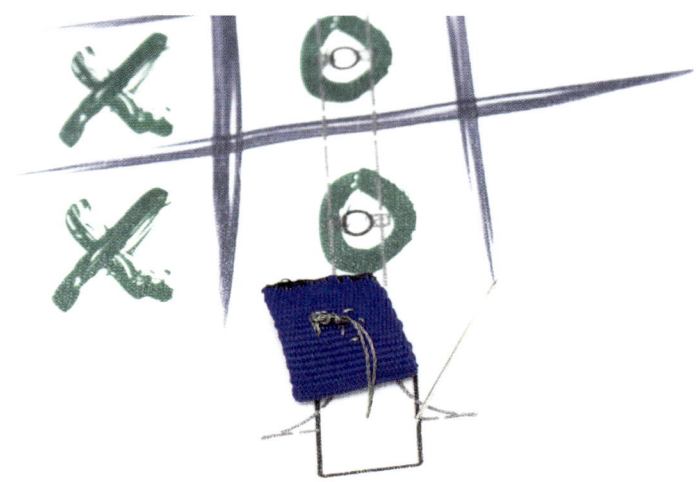

In Projekt 2 hast du einen Batteriehalter aus einem Band gefertigt. Entferne die Batterie und verbinde einen doppelten Faden aus leitendem Garn mit einem Pol. Stelle sicher, dass der Kontakt wirklich gut sitzt. Es schadet nicht, wenn der Faden vier- oder fünfmal um das Garn am Kontakt gewickelt wird. Nähe jedoch nicht durch das Band!

Schritt 2: Zwei senkrechte Pfade nähen

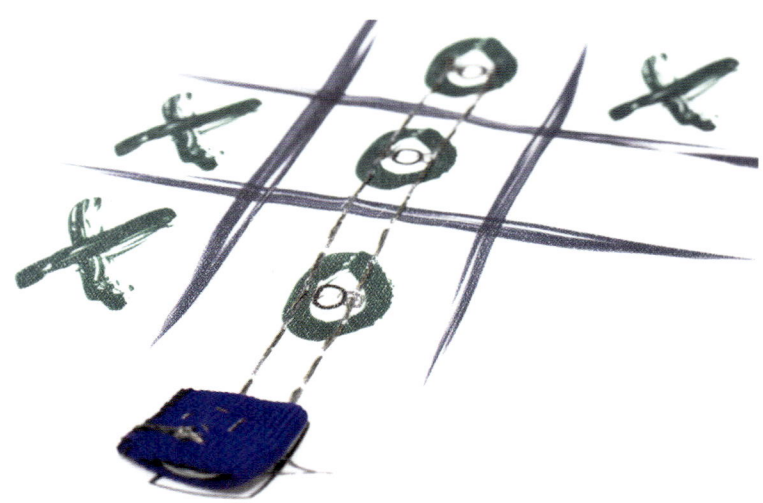

Folge dem rechten grauen Pfad mit dem doppelten Faden, ohne dabei die LEDs zu berücksichtigen. Du nähst also einen einfachen Strich von der Batterie bis hoch zum Ende des grauen Pfades. Schneide den Faden ab und vernähe das Ende sauber auf der Unterseite.

Verbinde ein neues Stück Faden mit dem anderen Pol des Batteriehalters. Folge damit dem linken grauen Pfad. Nähe wieder eine gerade Linie hoch bis zum Ende des linken Pfades. Vernähe das Ende sauber auf der Unterseite.

Stelle sicher, dass die beiden Enden der Fäden sich nicht berühren! Überhaupt dürfen sich die beiden Fäden nicht berühren, da der linke Pfad den Minuspol darstellt und der rechte graue Pfad den Pluspol.

Schritt 3: LEDs verbinden

Arbeite von oben nach unten. Leg die jeweilige LED gemäß der Zeichnung auf den Stoff. Verbinde das runde Bein mit dem linken grauen Pfad. Nutze dafür einen doppelten Faden, falls möglich. Vernäh das Ende sauber. Arbeite so mit allen drei LEDs.

Mit einem neuen Faden verbindest du dann die eckigen Beine mit dem rechten grauen Pfad.

Schritt 4: Batterie einlegen

Leg nun die Batterie ein. Falls die LEDs nicht leuchten, musst du die Batterie umdrehen.

Zusammenfassung

Vielleicht konntest Du in diesem Kapitel merken, dass Elektronik für deine Ideen nützlich ist. Die Projekte sollten wichtige Grundlagen vermitteln, die in den nächsten Kapiteln immer wieder benötigt werden. Sei sicher, dass du verstanden hast, wie man eine Spannung misst und die Polung feststellt. Kann man drei oder mehr LEDs in Reihe schalten? Wie viele LEDs können parallel geschaltet werden? Nähe stets sorgfältig und nicht unter Zeitdruck! Vor allem muss immer geprüft werden, dass Plus und Minus sich nicht berühren. Sonst würde es zu einem Kurzschluss kommen und die Schaltung ist dann unbrauchbar. Hast du die Beine der LED rechteckig und rund gebogen, oder hast du es nur gelesen? Wenn du alle Projekte tatsächlich ausprobierst, wirst du viel Spaß mit dem Buch haben. Probiere alle Projekte aus, auch wenn sie vielleicht trivial erscheinen.

Im nächsten Kapitel wollen wir einen Schritt weiter gehen und Mikrocontroller an unsere Elektronik hängen. Dadurch wird aus eFashion schließlich Smart Fashion. Ohne Mikrocontroller war die Kleidung nicht wirklich intelligent. Sie konnte nicht auf uns und die Umwelt reagieren. Mit einem Schalter kann eine LED zwar ein oder aus geschaltet werden, aber wir können keine schönen Blinkmuster erzeugen und das Licht auch nicht dimmen. Mit einem Mikrocontroller ist viel mehr möglich und der Umgang damit ist wirklich sehr einfach. Wenn Du die LED nähen konntest, wird auch der nächste Schritt ein Kinderspiel sein. Also umblättern und Spaß haben!

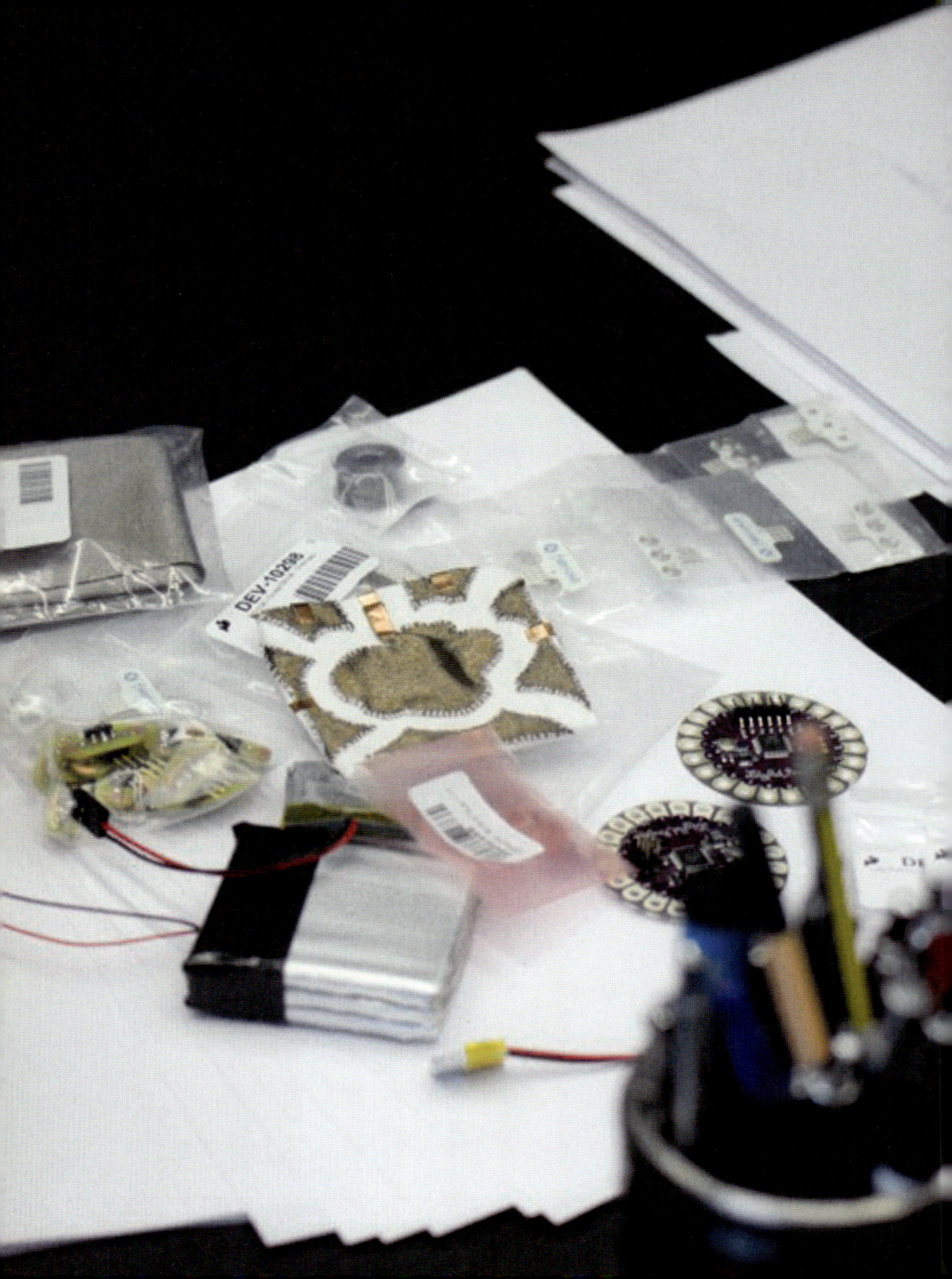

Smart Fashion – Die Basics

2

Wenn ein Mikrocontroller in einem eFashion-Projekt eingesetzt wird, dann wird die Kleidung dadurch intelligent. Wir sprechen dann auch von Smart Fashion. Der Mikrocontroller unserer Wahl heißt *LilyPad Arduino*. In den folgenden Abschnitten wirst du einen Überblick über den klassischen LilyPad Arduino und das *LilyPad Arduino Simple Board* erhalten und lernen, wie man sie mit einem Computer verbindet und programmiert. Als Programmierumgebung werden wir die *Arduino IDE* benutzen, die es kostenlos im Internet als Download gibt. Nach einer knappen Einführung in die Programmierumgebung wirst du anhand einfacher Projekte die *Arduino-Programmiersprache* lernen und am Ende des Kapitels in der Lage sein, einfache Programme selbst zu schreiben. Die Programme gibt es auch als fertige Downloads, so dass du die Projekte auch nachbauen kannst ohne die Programmiersprache zu lernen. Mehr Spaß macht es aber, wenn du die Erklärungen der Programme versuchst zu verstehen. Schwierig ist es wirklich nicht!

Folgende Projekte erwarten dich in diesem Kapitel: *Blinkende LED*: eine Batterie wird mit einem LilyPad Arduino Simple Board und einer LED auf Stoff genäht, und das Programm lässt die LED so schnell blinken wie du möchtest. *LED Lauflicht*: Das Projekt wird um drei LED erweitert und du lernst, wie man das einfache Programm um benötigte Funktionen erweitert. Dann gibt es Projekte zur digitalen Ein- und Ausgabe: ein Taster/Schalter wird vom Lily-Pad Arduino ausgelesen und du erfährst, was ein Pull-Up-Widerstand ist. Am Schluss des Kapitels wird die analoge Welt erklärt: LEDs werden gedimmt und Lichtsensoren ausgelesen. Du weißt nicht genau, wo der Unterschied zwischen digital und analog ist? Dann ist dieses Kapitel genau das richtige für dich!

> **Mikrocontroller**
>
> Ein Mikrocontroller ist ein Mikroprozessor (das Gehirn eines Computers) mit zusätzlichen Komponenten, wie z.B. Speicher oder Kommunikationsschnittstellen.

Einkaufsliste

Für dieses Kapitel benötigst du eine LilyPad-Arduino-Grundausstattung. Folgende Komponenten solltest du bestellen. Die Art.Nr. gelten für den Watterott electronic online Shop:

- LilyPad Arduino (Art.Nr.: DEV-09266)
- oder LilyPad Simple Board (Art.Nr.: DEV-10274)
- FTDI Breakout Reloaded V1.1 (Art.Nr.: 20110121)
- USB Kabel (Art.Nr.: 2009108755)
- LilyPad Taster (Art.Nr.: 2008441)
- LilyPad LED (Art.Nr.: DEV-10045)
- LilyPad Licht Sensor (Art.Nr.: DEV-08464)
- oder bestell direkt das vollständige Set: Art.Nr. 20110318

Zusätzlich für den Spannungsteiler:

- LilyPad Protoboard klein (Art.Nr.: DEV-09102)
- Widerstandssortiment (Art.Nr.: COM-10969)

Der LilyPad Arduino

<aside>

ATmega328

Dabei handelt es sich um einen Mikrocontroller der Firma Atmel. Er wird auf vielen Arduinos verwendet, da er preiswert ist und man ihn leicht programmieren kann. Ältere Arduinos hatten seine Vorgänger verwendet, wie z.B. den atmega168. Auch auf dem LilyPad Arduino wurden früher andere Mikrocontroller verwendet.

</aside>

Der LilyPad Arduino wurde von Leah Buechley entwickelt und ist momentan die am weitesten verbreitete Lösung für selbstgebaute Smart-Fashion-Projekte. Das liegt u.a. daran, dass die Schaltpläne der Platinen öffentlich zugänglich sind und jeder seine eigene Kopie der Platine anfertigen darf. Es gibt aber auch fertige Platinen zu kaufen. Momentan sind zwei Varianten im Handel erhältlich:

Der Klassiker mit einem ATmega328 und das LilyPad Simple Board. Mit diesen Platinen kann man intelligente Kleidung herstellen, da sie einen leistungsstarken Mikrocontroller besitzen, der einfache Programme ausführen kann. Es ist z.B. möglich, LEDs blinken zu lassen oder Sensoren auszulesen. Das können u.a. Temperatursensoren oder Lichtsensoren sein, aber auch einfache Knöpfe und Schalter lassen sich leicht an den LilyPad Arduino anschließen. Die Boards verfügen über große Löcher, durch die eine Nähnadel passt. Komponenten können also einfach angenäht werden und man muss keine Elektronik löten. Man nennt diese Löcher auch Pins.

LilyPad Arduino 328 Main Board

Rein optisch handelt es sich um eine Scheibe mit 50 mm Durchmesser und 22 Löchern am Rand. Außerdem fällt ein kleines schwarzes Rechteck in der Mitte auf – der Mikrocontroller. Die Scheibe ist nur 0,8 mm dick und trägt somit nicht zu stark auf, wirkt sehr leicht und trotzdem robust. Flexibel ist das Board leider nicht, und manchmal stören die sechs Metallpins, die man aber leicht mit etwas Füllmaterial polstern kann.

An die Pins + und - kann ein LiPo- (Lithium-Polymer) Akku angeschlossen werden, um den LilyPad Arduino mit Strom zu versorgen. Es gibt auch weitere passende Stromquellen für dieses Board, wie z.B. die aus Kapitel 1 bekannten textilen Batteriehalter für Knopfzellen.

Hersteller: sparkfun.com (Code: DEV-09266)

LilyPad Arduino Simple Board

(Quelle: *http://www.sparkfun.com/products/10274*)

Das Simple Board hat weniger Pins als das klassische Board, aber dafür einen integrierten Anschluss für einen Akku und zusätzlich

> **Tipp**
> Das LilyPad Simple Board kann einen Akku laden, wenn das Board über den USB-Adapter mit Spannung versorgt wird. Bei diesem Board muss man die Batterie nicht vom LilyPad trennen, was sehr praktisch ist!

einen Ein-/Ausschalter. Mit dem Board kann ein Akku direkt geladen werden, man braucht kein zusätzliches Ladegerät für Akkus.

Weniger Pins sind sehr praktisch, da so der Abstand zwischen ihnen größer ist und man so einfacher nähen kann. Für die meisten Projekte reichen die 11 verfügbaren Löcher aus. Der Anschluss für den Akku ist sehr praktisch, da quasi alle am Markt erhältlichen Akkus mit einem passenden JST-Stecker geliefert werden, der verpolungssicher ist und fest in der Halterung sitzt. Der Akku kann bei Bedarf einfach vom LilyPad Arduino gelöst werden, was einen unkomplizierten Batteriewechsel garantiert.

Hersteller: sparkfun.com (Code: DEV-10274)

LilyPad mit dem Computer verbinden

Die LilyPad Boards haben keinen USB-Anschluss. Man kann aber einen USB-Adapter an die 6-polige Stiftleiste stecken und darüber eine Verbindung zum Computer aufbauen. Besonders praktisch ist das FTDI Breakout Reloaded V1.1 vom Hersteller watterott.com (Art.Nr.: 20110121), da es wahlweise 5V und 3.3V Spannung bietet und so für alle Projekte gut ausgerüstet ist.

Der Adapter von Watterott passt eigentlich nur auf eine Art und Weise an die Stiftleiste der LilyPad Boards. Wie in der Abbildung oben zu sehen, ist der Schriftzug »Arduino« auf der USB-Platine zu erkennen, wenn sie richtig herum auf der Stiftleiste sitzt. Ein USB-Kabel mit einem Mini-USB-Stecker wird benötigt, um die Verbindung mit dem Computer zu vervollständigen.

Je nach Betriebssystem müssen evtl. Treiber installiert werden, die es hier als Download gibt:

http://www.ftdichip.com/Drivers/VCP.htm

Arduino IDE – Software für den Computer

Die Arduino IDE (Integrated Development Environment) ist eine integrierte Entwicklungsumgebung für die Arduino Mikrocontroller, also auch für die LilyPad Arduino Boards. Man kann damit Software für sie schreiben oder bereits existierende Programme hochladen. Das ist alles sehr einfach und man muss keine Programmiersprache lernen, um existierende Programme auf den LilyPad Arduino hochzuladen. Die Software ist kostenlos und kann von der Arduino Homepage für viele Betriebssysteme heruntergeladen werden.

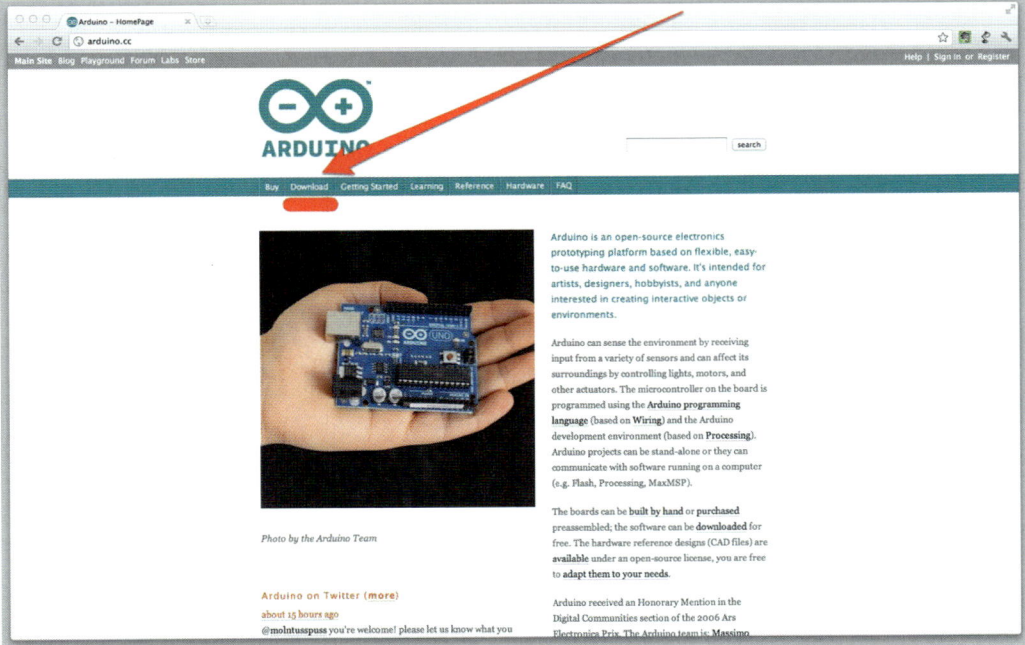

In der Menüleiste auf *www.arduino.cc* gibt es den Eintrag »Download«. Ein Klick auf den Link führt auf die nächste Seite, wo die Arduino IDE für Windows, Linux und Mac OS X heruntergeladen werden kann.

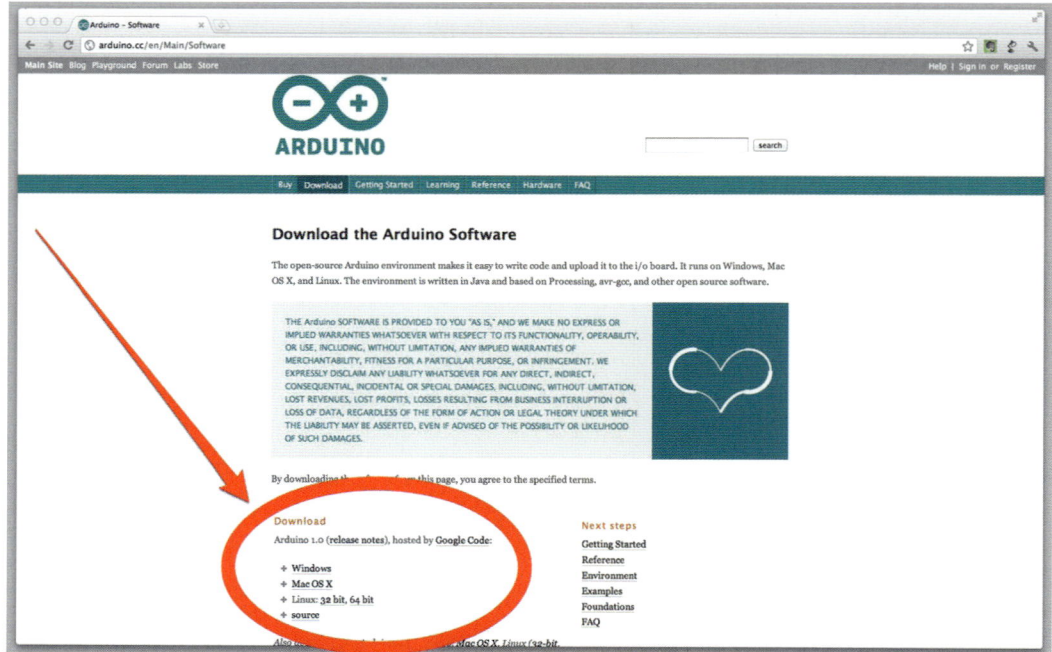

Nachdem du die richtige Datei für deinen Computer heruntergeladen hast, musst du die Datei auspacken. Es handelt sich meist um eine gepackte ZIP-Datei. Dann siehst du unter Mac OS X eine Arduino-Applikation und unter Windows eine Arduino.exe-Datei. Ein Doppelklick startet das Programm, die eventuell auftretenden Warnungen können ignoriert werden.

Das war es auch schon! Die Installation ist wirklich so einfach und der Startbildschirm sieht so aus:

Arduino   File   Edit   Sketch   Tools   Help

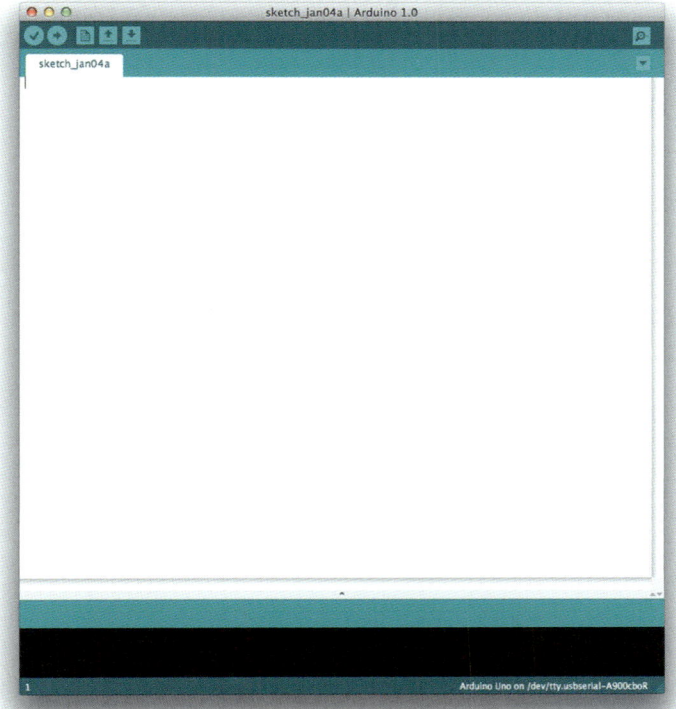

Wenn du bereits einen USB-Adapter mit dem LilyPad Arduino und dem PC verbunden hast (und ggf. Treiber installiert hast), kann es jetzt mit dem ersten Programm losgehen! Du wirst ein fertiges Programm hochladen, das bei der Arduino IDE dabei ist. Verstehen musst du es nicht, obwohl das ganz einfach ist und später in diesem Buch auch erklärt wird.

Bevor wir das Programm öffnen, müssen wir noch zwei Einstellungen vornehmen, damit die Arduino IDE weiß, dass ein LilyPad Arduino angeschlossen ist und wie der USB-Anschluss heißt.

Im Menü gibt es eine Auswahl an unterstützten Arduino Boards unter dem Punkt TOOLS-BOARD. Du musst den Eintrag LILYPAD ARDUINO W/ ATMEGA328 auswählen.

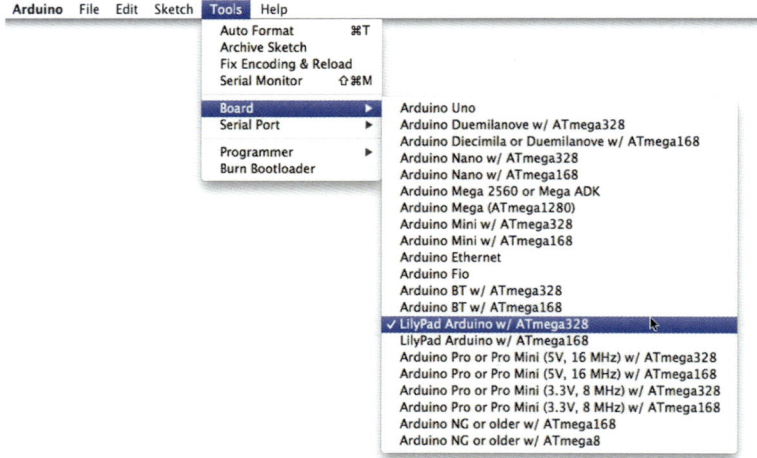

Der Menüpunkt TOOLS-SERIAL PORT listet alle verfügbaren seriellen Anschlüsse deines Computers auf. Einer der Einträge ist der USB-Adapter, der den LilyPad Arduino mit dem Computer verbindet. Jeder Adapter hat einen anderen Namen. Sie fangen unter Mac OS X mit /dev/tty.usbserial an. Mein Adapter heißt z.B. /dev/tty.usbserial-A6004pmE.

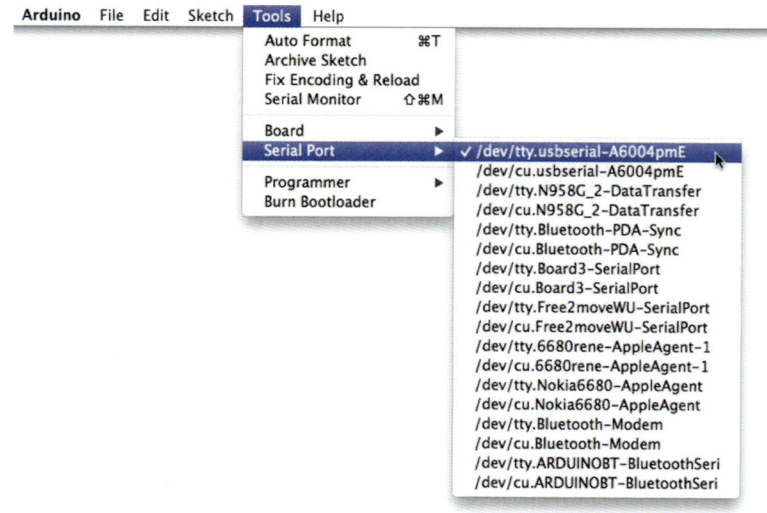

Kapitel 2: Smart Fashion – Die Basics

Es kann viele Einträge in dieser Liste geben, und wenn du den USB-Adapter erst einsteckst, kurz bevor du die Arduino IDE startest, ist er meist der erste Eintrag in der Liste bei Mac OS X. Unter Windows heißen die Einträge COM1, COM14 oder ähnlich. Du kannst die Einträge der Reihe nach durchprobieren, wenn du nicht weißt, wie du herausfinden kannst, welcher Anschluss der richtige ist.

Das Programm, das wir auf den LilyPad Arduino spielen wollen, heißt Blink; und genau das macht es auch – es lässt eine LED blinken. Du findest es im Menü unter dem Punkt FILE-EXAMPLES-BASICS-EXAMPLE.

> **Tipp**
>
> Die Arduino IDE wird mit vielen Beispielen ausgeliefert. Für fast jedes Problem gibt es ein einfaches Beispiel und es lohnt sich, auf Expedition zu gehen und ein paar Beispiele auszuprobieren.

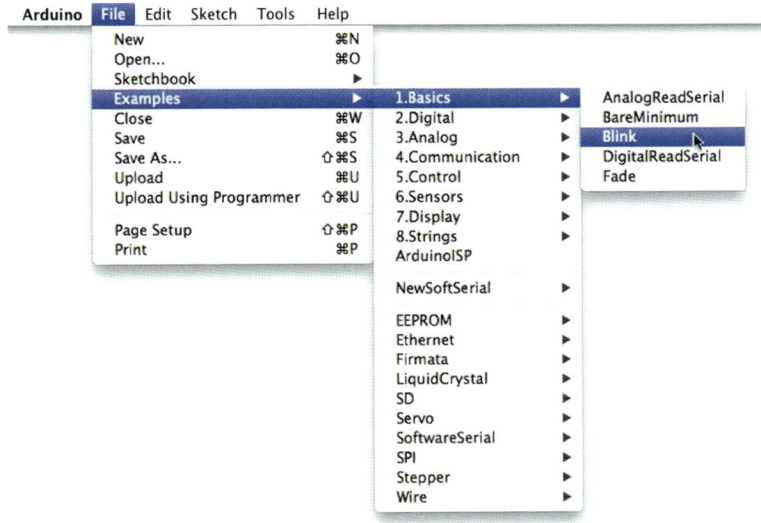

Der Programmtext erscheint nun in der Arduino IDE:

```
/*
  Blink
  Turns on an LED on for one second, then off for one second, repeatedly.

  This example code is in the public domain.
*/

void setup() {
  // initialize the digital pin as an output.
  // Pin 13 has an LED connected on most Arduino boards:
  pinMode(13, OUTPUT);
}

void loop() {
  digitalWrite(13, HIGH);   // set the LED on
  delay(1000);              // wait for a second
  digitalWrite(13, LOW);    // set the LED off
  delay(1000);              // wait for a second
}
```

Nun zum wichtigsten Schritt: Drücke auf den Pfeil nach rechts (Upload-Knopf), um das Programm auf den LilyPad Arduino zu spielen. Das dauert nur ein paar Sekunden. Fertig!

Herzlichen Glückwunsch, du hast dein erstes Programm auf den LilyPad Arduino gespielt. Wenn du das Board genau beobachtest, wirst du eine blinkende LED sehen. Das Board hört von nun an auf deine Befehle.

Projekt 5:
Blinkende LED

Bei diesem kleinen Projekt wirst du den LilyPad Arduino auf Kleidung nähen und mit einer LED verbinden.

Du benötigst

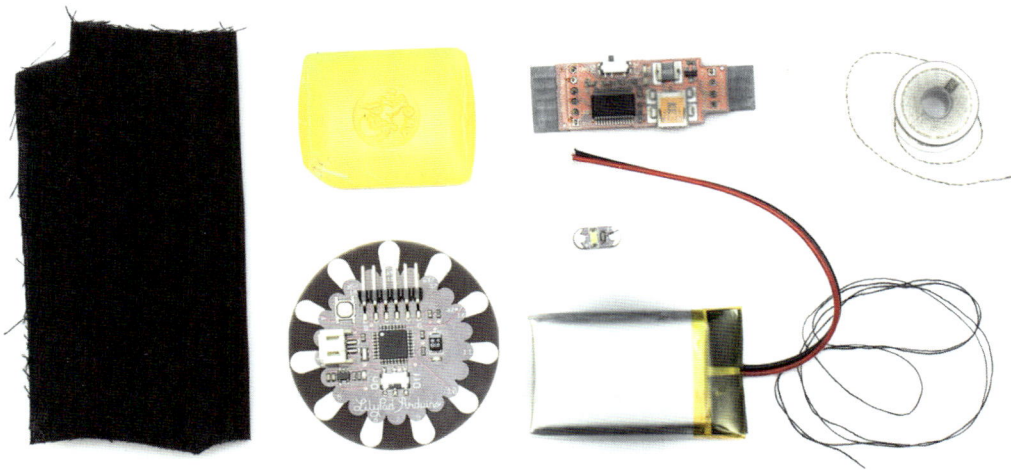

- LilyPad Simple Board mit USB-Adapter und Akku
- LilyPad LED weiß
- Etwas Stoff
- Leitendes Nähgarn
- Nicht leitendes Nähgarn
- Hilfreich: Kreide zum Markieren auf dem Stoff
- Falls vorhanden: einen Rahmen zum Nähen

Das Projekt kann auch mit dem klassischen LilyPad Arduino durchgeführt werden, aber dann müssen zusätzlich Verbindungen zur Stromquelle genäht werden.

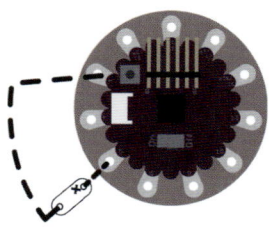

Planung

Die LED soll an Pin 5 angeschlossen werden.

Falls Du einen Rahmen zum Nähen verwendest, spann den Stoff in den Rahmen.

Leg das LilyPad Board und die LED auf den Stoff. Dabei sollte die Anode (mit einem Plussymbol gekennzeichnet) zum Pin 5 des Lily-Pad Arduinos hin zeigen und die Kathode der LED nach außen gerichtet sein. In einem großen Bogen soll ein Pfad vom Minuspol des LilyPad Arduinos neben die Kathode der LED verlaufen. Zeichne mit Kreide die Verbindungen auf den Stoff, so wie in der Abbildung neben diesem Text zu sehen ist.

Schritt 1: Minuspol verbinden

Mit einem doppelten Faden aus leitendem Garn nähst du dreimal durch den Minuspol des LilyPad Arduinos. Nähe dann weiter an der gestrichelten Linie entlang hin zum Minuspol der LED.

Schritt 2: Pin 5 verbinden

Nähe mit leitendem Garn von Pin 5 zum Pluspol der LED. Vernähe alles sicher und schneide die Enden kurz ab.

Schritt 3: Das Programm ändern

Das aktuelle Programm lässt die onBoard-LED blinken. Die LED an Pin 5 ist davon aber nicht betroffen. Du musst dem Programm sagen, dass ab sofort die LED an Pin 5 blinken soll.

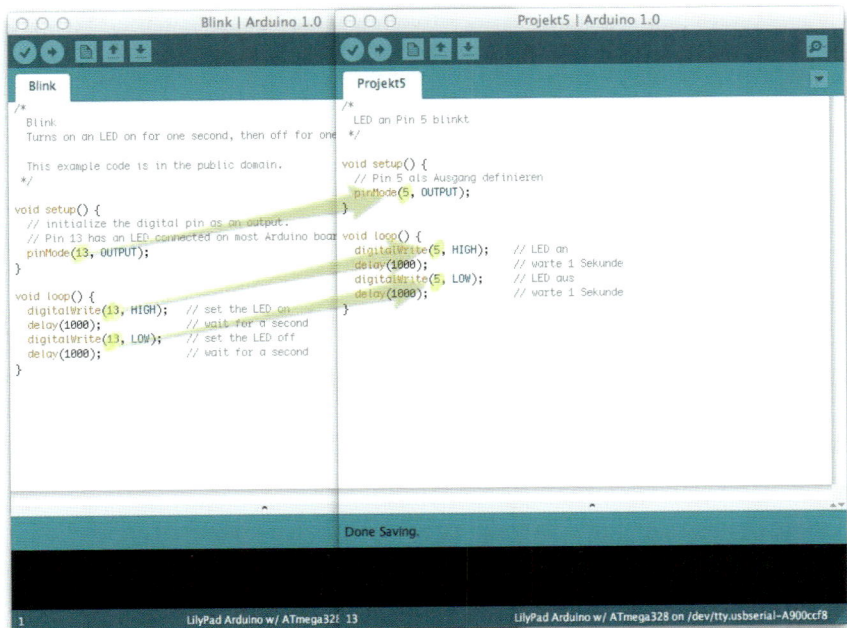

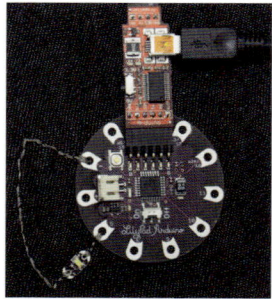

Wenn du selbst etwas programmieren möchtest, ist das jetzt deine große Chance: Ändere einfach das Blink-Beispiel, das du bereits kennst. Mach aus jeder 13 im Quellcode eine 5. Die interne LED hängt an Pin 13; die neue LED, die du genäht hast, hängt an Pin 5.

Wenn dich Programmieren nicht so interessiert, kannst du auch das fertige Programm aus dem Internet herunterladen:

http://tinyurl.com/mtw-projekt5

Öffne das Programm mit der Arduino IDE und lade es auf das Lily-Pad Board hoch. Prüfe dafür, ob der USB-Adapter mit dem Computer und dem LilyPad verbunden ist und ob alle Einstellungen in den Menüs noch so sind, wie sie sein müssen. Falls du unsicher bist, lies noch einmal den Anfang dieses Kapitels und führe die Anweisungen Schritt für Schritt aus.

Nach dem erfolgreichen Programmiervorgang sollte die LED blinken. Zieh den USB-Adapter vom LilyPad ab.

Schritt 4: Das Programm verstehen

```
Datei  Bearbeiten  Sketch  Tools  Hilfe

Projekt5

/*
   LED an Pin 5 blinkt
*/

void setup() {
  // Pin 5 als Ausgang definieren
  pinMode(5, OUTPUT);
}

void loop() {
  digitalWrite(5, HIGH);    // LED an
  delay(1000);              // warte 1 Sekunde
  digitalWrite(5, LOW);     // LED aus
  delay(1000);              // warte 1 Sekunde
}
```

Schauen wir uns das Programm doch mal im Detail an.

Es beginnt mit einem dreizeiligen Kommentar, der beschreibt, was das Programm tut: »LED an Pin 5 blinkt«. *Kommentare* sind Zeilen im Code, die nicht vom Arduino ausgeführt werden. Sie dienen nur der Dokumentation, damit du deinen eigenen Code besser verstehen kannst und auch in 2 Jahren noch weißt, was du mit dem Code bezwecken wolltest. Es gibt zwei Arten von Kommentaren:

Sie fangen entweder mit der Zeichenfolge /* an und hören mit der Zeichenfolge */ auf und alles, was zwischen diesen Zeichenfolgen steht, wird als mehrzeiliger Kommentar verstanden. Oder sie sind nur einzeilig und beginnen mit der Zeichenfolge // (wie in Zeile 6).

Dann folgt ein Block, der mit `void setup(){` anfängt. Es handelt sich um eine *Funktion* mit dem Namen `setup`. Alles was nach der geschweiften Klammer steht, gehört zu dieser Funktion. Die Funktion wird mit der geschlossenen geschweiften Klammer in Zeile 8 abgeschlossen. In der Funktion mit dem Namen setup stehen zwei Zeilen: Ein Kommentar in Zeile 6 und ein Befehl in Zeile 7.

Der Befehl `pinMode(5, OUTPUT)` wird mit einem Semikolon am Zeilenende abgeschlossen. Er definiert den Pin 5 als Ausgang. An einen Ausgang kann z.B. eine LED angeschlossen werden. Im ersten Beispiel stand anstelle der 5 noch eine 13, was entsprechend Pin 13 als Ausgang definiert hatte. Nach der Ziffer 5 steht ein Komma, auf das das Schlüsselwort OUTPUT folgt.

Das Projekt besitzt eine zweite Funktion. Sie hat den Namen `loop`. Innerhalb ihrer geschweiften Klammern stehen vier Zeilen. In der ersten steht der Befehl `digitalWrite(5, HIGH)`, der wie jeder Befehl mit einem Semikolon endet. Er sorgt dafür, dass an Pin 5 eine Spannung von 5V anliegt – die LED wird eingeschaltet. Zwei Zeilen später erscheint ein sehr ähnlicher Befehl: `digitalWrite(5, LOW)`. Er legt eine Spannung von 0V an Pin 5 an – die LED wird ausgeschaltet. Der Befehl `digitalWrite` nimmt also zwei Parameter auf, die durch ein Komma getrennt sind. Der erste Parameter nennt die Ziffer des Pins, der betroffen ist. Der zweite Parameter kann HIGH oder LOW sein und setzt den jeweiligen Pin entweder auf 5V (HIGH) oder 0V (LOW).

Es stehen außerdem zwei weitere, identische Befehle in dem Programm: `delay(1000)` wartet 1000 Millisekunden. Das LilyPad Arduino Board macht also eine Sekunde lang nichts und arbeitet erst dann weiter, wenn die Wartezeit abgelaufen ist. Du kannst die LED schneller blinken lassen, wenn Du die Wartezeit reduzierst. Probier es aus, aber ändere beide delay-Zeiten auf denselben Wert.

Die Funktion setup wird genau einmal ausgeführt, wenn der Arduino eingeschaltet wird. Die Funktion loop wird hingegen immer wieder aufgerufen. Das bedeutet, dass das Programm erst einmal den Pin 5 als Ausgang definiert und von da an unendlich oft die LED einschaltet, eine Sekunde wartet, die LED ausschaltet, eine Sekunde wartet usw.

Du weißt jetzt, wie du unterschiedliche Pins als Ausgänge benutzen kannst und wie du sie auf 5V oder 0V setzt. Dieses Wissen kannst

Eingang/Ausgang

Der Befehl `pinMode` kann einen beliebigen Pin entweder als Eingang oder Ausgang definieren. Um den Pin 5 als Eingang zu benutzen, hättest du anstelle des Schlüsselwortes OUTPUT das Schlüsselwort INPUT verwenden können:

```
pinMode(5, INPUT);
```

Was ist eine Funktion?

Eine Funktion ist ein Textblock, der einen Namen zugewiesen bekommt. Alle Befehle in diesem Textblock werden hintereinander ausgeführt. Das erspart eine Menge Tipparbeit, denn anstelle der vielen Befehle wird einfach der Funktionsname hingeschrieben. Der Name der Funktion ist sozusagen ein Stellvertreter für die Befehle in der Funktion. Man kann eine Funktion beliebig oft aufrufen.

du nutzen, um im nächsten Projekt mehr LEDs hinzuzufügen oder um eine LED an einen anderen Pin des LilyPad Arduinos zu nähen. Variiere die Blink-Frequenz für deine eigenen Projekte.

Schritt 5: Batterie anschließen und einschalten

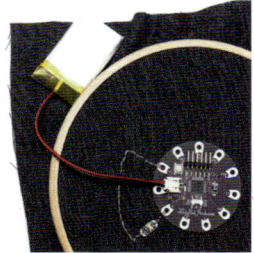

Verbinde den Akku mit dem LilyPad Simple Board. Falls du ein klassisches LilyPad Board benutzt hast, musst du die Stromquelle mit den + und - Pins vom LilyPad verbinden. Achte dabei auf die Polarität: rotes Kabel an +, schwarzes Kabel an −.

Die LED sollte nun blinken, wenn der Schiebeschalter auf 0n steht. Um Strom zu sparen, kannst du den Schalter in die Off-Position bewegen, wenn die LED nicht mehr blinken soll, oder du ziehst den Akku ab.

Projekt 6: LED-Lauflicht

Wir haben in Kapitel 1 bereits herausgefunden, dass man mehrere LEDs in Reihe oder parallel schalten kann. Dann kann man sie aber nur alle gleichzeitig ein- oder ausschalten. In diesem Projekt lernst du, wie vier LEDs von einem LilyPad Arduino einzeln angesteuert werden können. Sie sollen so schnell abwechselnd blinken, dass sie ein Lauflicht erzeugen.

Du benötigst

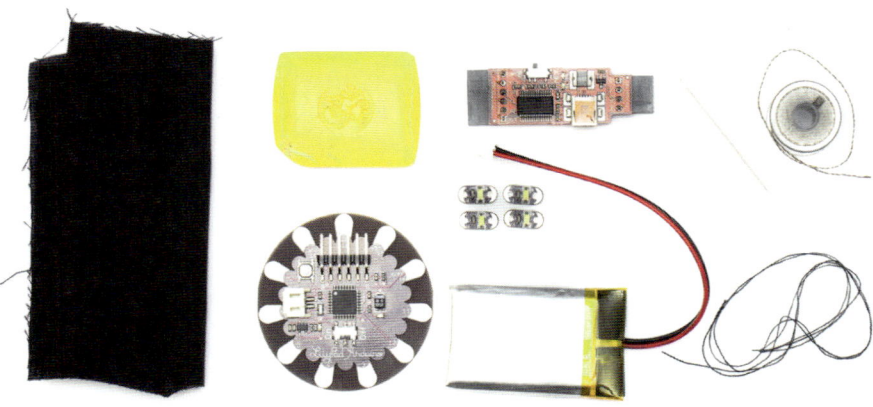

- LilyPad Simple Board mit USB-Adapter und Akku
- 4x LilyPad LED weiß
- Etwas Stoff
- Leitendes Nähgarn
- Nicht leitendes Nähgarn
- Hilfreich: Kreide zum Markieren auf dem Stoff
- Falls vorhanden: einen Rahmen zum Nähen

Planung

Dieses Projekt ist dem vorangegangenen sehr ähnlich. Anstelle einer LED sollen nun vier vernäht werden. Wenn du möchtest, kannst du Zeit sparen, indem du einfach bei Projekt 5 drei LEDs hinzufügst. Wichtig ist, dass alle Anoden der LEDs vom LilyPad wegzeigen und mit dem Pluspol des Boards verbunden sind. Die Kathoden zeigen zum jeweiligen Pin hin. Wähle Pin 5, 6, 9 und 10. Es ist wieder ratsam, mit Kreide ein paar Hilfslinien einzuzeichnen, die verdeutlichen, wo genäht werden muss.

Schritt 1: Gemeinsame Kathode nähen

Nimm einen langen leitenden Faden und näh damit die untere Kurve wie im Bild neben dem Text. Du verlängerst die Bahn, die du bereits in Projekt 5 genäht hast. Falls das zu eng ist, kannst du auch neu am Minuspol vom LilyPad Arduino starten. An diesem Stück werden später die Kathoden der LEDs befestigt.

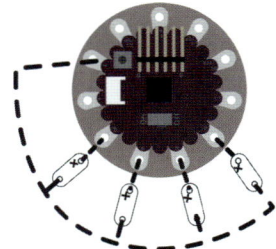

Schritt 2: Anoden nähen

Fange mit der LED an Pin 10 an. Nähe die Pluspole der LED an den Pin. Wiederhole diesen Schritt für die restlichen Pins. Ein kurzes Stück Garn reicht dabei aus. Nähe jedoch wie immer mindestens dreimal durch jedes Loch, damit der elektrische Kontakt sichergestellt ist.

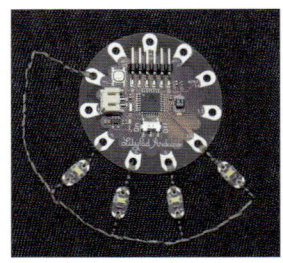

Schritt 3: Kathoden mit dem Äußeren Ring verbinden

Jetzt kannst du jede Kathode der LEDs mit dem äußeren Ring vernähen, den du in Schritt 1 vorbereitet hast. Für dieses Projekt ist es wichtiger, dass der Kontakt gut sitzt und die Verbindung gut hält, als dass die Naht optisch perfekt aussieht.

Schritt 4: Das Programm ändern

Das aktuelle Programm lässt die LED an Pin 5 blinken.

Du musst es erweitern, damit auch die restlichen LEDs abwechselnd leuchten. Sicher weißt du bereits, wie das geht, wenn du das Programm genauer anguckst. Wir wollen es aber doch Schritt für Schritt gemeinsam vorbereiten. Wenn du keine Lust auf Programmieren hast, findest du hier das fertige Programm im Internet, das du wie gewohnt mit dem USB-Adapter auf das LilyPad Board aufspielen kannst:

http://tinyurl.com/mtw-projekt6

Das Programm verstehen

Schau dir das Programm genau an: Es gibt wieder die beiden bereits bekannten Funktionen setup und loop.

In den ersten beiden Beispielen stand nur ein Befehl in der setup()-Funktion. Diese Zeile sorgte dafür, dass der Pin 13 bzw. der Pin 5 als Ausgang funktionieren konnte. In diesem Projekt brauchen wir vier Ausgänge, also kopierst du einfach den Befehl aus dem letzten Beispiel dreimal und änderst die 5 in eine 6, eine 9 und schließlich eine 10. So können die vier Pins mit den Nummern 5, 6, 9 und 10 als Ausgänge benutzt werden.

Es geht weiter in der loop()-Funktion. Auch hier wurde der bereits bekannte Code nur dreimal kopiert und in den drei Kopien der Pin jeweils auf die Nummer 6, 9 und 10 verändert. Außerdem wurde die Wartezeit von 1000 ms (Millisekunden) auf 50 ms reduziert.

Gucken wir uns das ein wenig genauer an: digitalWrite(5, HIGH) schaltet die LED an. Dann folgt der Befehl delay(50), der 50 ms lang nichts tut. Das bedeutet, dass die LED 50 ms lang an ist. Dann folgt der Befehl digitalWrite(5, LOW), was die LED ausschaltet. Dann wieder 50 ms lang warten und fertig ist LED 5. Das wird für die restlichen LEDs wiederholt und dann geht es von vorne los. Das

Ergebnis ist ein schnelles Lauflicht, das von LED 5 über LED 6 und 9 zu LED 10 läuft. Eigentlich ganz einfach, oder?

```
Datei  Bearbeiten  Sketch  Tools  Hilfe

  Projekt6

/*
  Lauflicht mit LEDs an Pin 5,6,9,10
*/

void setup() {
  pinMode(5, OUTPUT);//Pin 5 als Ausgang
  pinMode(6, OUTPUT);//Pin 6 als Ausgang
  pinMode(9, OUTPUT);//Pin 9 als Ausgang
  pinMode(10, OUTPUT);//Pin 10 als Ausgang
}

void loop() {
  digitalWrite(5, HIGH);  // LED 5 an
  delay(50);              // warte 50ms
  digitalWrite(5, LOW);  // LED 5 aus
  delay(50);              // warte 50ms

  digitalWrite(6, HIGH);  // LED 6 an
  delay(50);              // warte 50ms
  digitalWrite(6, LOW);  // LED 6 aus
  delay(50);              // warte 50ms

  digitalWrite(9, HIGH);  // LED 9 an
  delay(50);              // warte 50ms
  digitalWrite(9, LOW);  // LED 9 aus
  delay(50);              // warte 50ms

  digitalWrite(10, HIGH);  // LED 10 an
  delay(50);              // warte 50ms
  digitalWrite(10, LOW); // LED 10 aus
  delay(50);              // warte 50ms
}
```

Projekt 7:
Ein Schalter am LilyPad Arduino

Die vier LEDs aus dem letzten Projekt erweitern wir nun um einen LilyPad-Taster. In Projekt 2 wurde ein Schalter benutzt, um einen Stromkreis zu öffnen oder zu schließen. Du könntest den Schalter dazu benutzen, um dem LilyPad Arduino den Strom abzuschalten. Aber das wäre langweilig und es geht viel besser, da der LilyPad intelligent auf die Eingabe am Schalter reagieren kann. Er kann ein ganzes Programm ausführen, wenn du den Schalter drückst.

Du benötigst

Neben dem Ergebnis aus Projekt 6 benötigst du einen kleinen Lily-Pad-Taster.

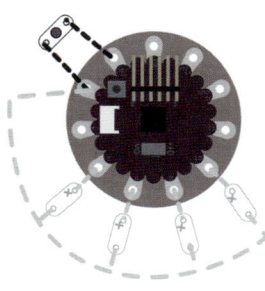

Planung

Diesmal ist es ganz einfach: Der Taster soll an Pin 19 und den Minuspol des LilyPad Arduinos genäht werden. Die vier LEDs sind bereits aus dem letzten Projekt vorhanden.

Schritt 1: Taster nähen

Genau wie bei den LEDs nähst du dreimal durch jedes Loch des Tasters. Verbinde zunächst das Loch, das mit - gekennzeichnet ist, mit dem Minuspol des LilyPad Arduino Boards. Dann das Loch, das mit dem Buchstaben S gekennzeichnet ist, mit Pin 19 vom Lily-Pad Arduino verbinden. Beachte, dass dieser Pin außerdem als Pin A5 markiert ist. Er befindet sich oben links am LilyPad Arduino, direkt neben dem Minuspol. Besonders wichtig ist, dass das Garn vom Minuspol keinen Kontakt zum Pluspol hat, da es sonst zu einem Kurzschluss kommen kann!

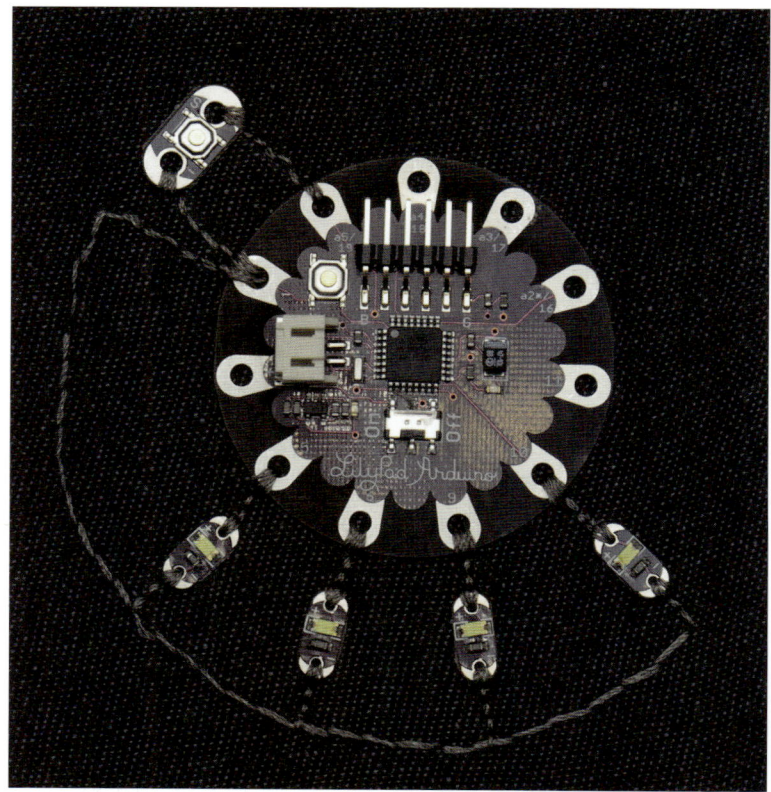

Schritt 2: Das Programm ändern

Wenn du nicht programmieren möchtest, findest du das fertige Programm im Internet:

http://tinyurl.com/mtw-projekt7

Lade das fertige Programm mit dem USB-Adapter auf den LilyPad Arduino und verbinde es mit dem Akku.

Das Programm verstehen

```
Datei  Bearbeiten  Sketch  Tools  Hilfe

Projekt7

/*
  Lauflicht mit LEDs an Pin 5,6,9,10
  wenn Taster an Pin 19 (A5) gedrückt ist
*/

void setup() {
  pinMode(5, OUTPUT);//Pin 5 als Ausgang
  pinMode(6, OUTPUT);//Pin 6 als Ausgang
  pinMode(9, OUTPUT);//Pin 9 als Ausgang
  pinMode(10, OUTPUT);//Pin 10 als Ausgang

  pinMode(19,INPUT);//Pin 19 (A5) als Eingang
  digitalWrite(19, HIGH);//Pull-Up Widerstand aktivieren
}

void loop() {
  if(digitalRead(19) == LOW)//wenn Schalter gedrückt ist
  {
    digitalWrite(5, HIGH);   // LED 5 an
    delay(50);               // warte 50ms
    digitalWrite(5, LOW);  // LED 5 aus
    delay(50);               // warte 50ms

    digitalWrite(6, HIGH);   // LED 6 an
    delay(50);               // warte 50ms
    digitalWrite(6, LOW);  // LED 6 aus
    delay(50);               // warte 50ms

    digitalWrite(9, HIGH);   // LED 9 an
    delay(50);               // warte 50ms
    digitalWrite(9, LOW);  // LED 9 aus
    delay(50);               // warte 50ms

    digitalWrite(10, HIGH);  // LED 10 an
    delay(50);               // warte 50ms
    digitalWrite(10, LOW); // LED 10 aus
    delay(50);               // warte 50ms
  }
}
```

Im Vergleich zum letzten Projekt hat sich nicht viel verändert. In der setup()-Funktion sind zwei Zeilen hinzugekommen, um Pin 19 als Eingang vorzubereiten. Den Befehl pinMode(19, INPUT) verstehst du bereits. Er definiert Pin 19 als Eingang. In der darauf folgenden Zeile steht eine merkwürdige Anweisung: ein digitalWrite auf den Pin 19.

Pin 19 ist doch ein Eingang, wieso schreiben wir einen Wert in einen Eingang? Das hat eigentlich keinen Sinn, das stimmt. Wir verwenden eine Spezialfunktion, die der Mikrocontroller zur Verfügung stellt: Ein sogenannter *Pull-up-Widerstand* wird am Eingang aktiviert. Man würde 5V Spannung an dem Pin messen, wenn man ein Multimeter an ihn halten würde. Der Taster, der an den Pin angeschlossen ist, hat zwei Zustände: geöffnet und geschlossen. Wenn der Taster geschlossen ist, zieht er die Spannung auf 0V runter. Der Eingang misst also 0V bzw. LOW. Wenn der Taster geöffnet ist, ist der Pin nicht mit 0V verbunden. Damit nun irgendetwas Definiertes an dem Pin anliegt, schalten wir einfach den Pull-up-Widerstand ein, denn dann misst der Pin 5V, wenn der Taster geöffnet ist, und 0V, wenn der Taster geschlossen ist. Das leistet der `digitalWrite()`-Befehl, nachdem man einen Pin als Eingang definiert hat.

Die `loop()`-Funktion sieht kaum verändert aus. Allerdings beginnt sie nun mit einer sonderbaren Zeile:

`if(digitalRead(19)==LOW)`, gefolgt von geschweiften Klammern. Diese Zeile sorgt dafür, dass alle ihr folgenden Befehle nur ausgeführt werden, wenn der Taster gedrückt ist. Der Befehl `digital Read(19)` liest die Spannung am Pin 19 aus. Wenn sie 0V ist, gibt der Befehl den Wert `LOW` zurück. Das ist dann der Fall, wenn der Taster gedrückt ist. Der if-Befehl vergleicht das Ergebnis des digitalRead-Befehls mit dem Wert `LOW`. Beachte die doppelten Gleichheitszeichen! Wenn also am Eingang 19 der Wert `LOW` anliegt, dann ist der `if`-Befehl in diesem Fall zufrieden und führt alles aus, was in den geschweiften Klammern steht, die ihm folgen. Wenn am Pin 19 hingegen der Wert `HIGH` (5V) gelesen wird, ist der `if`-Befehl nicht beeindruckt und führt entsprechend die Befehle zwischen den geschweiften Klammern nicht aus. Man spricht auch von der *if-Abfrage*.

Analog und digital

Man hört es immer wieder und trotzdem ist vielen gar nicht ganz klar, was digital eigentlich bedeutet. Alles ist heute irgendwie digital, und das ist ja viel besser als die alten analogen Sachen, sagt man. Musik klingt plötzlich besser und das Fernsehbild wird auch schärfer, wenn es digital ist? Wir wollen das nicht vertiefen, aber eine Grundlage musst du verstehen: Analog bedeutet, dass es viele Werte gibt, die beliebig genau gemessen und ausgegeben werden können. Digital hingegen bedeutet, dass alles aus genau zwei Werten zusammengebaut wird: 1 und 0. An und Aus, 5V oder 0V. Beim LilyPad Arduino haben wir bisher den Befehl `digitalWrite()` gesehen, der einen Ausgang entweder ein- oder ausschaltet. Die LED war dann komplett eingeschaltet oder ausgeschaltet. An dem Ausgang liegen dann entweder 5V an oder 0V.

Es gibt natürlich noch mehr Spannungen als diese beiden. Zum Beispiel könnten auch 2,5V oder 1,3V irgendwann einmal hilfreich sein. Eine LED könnte etwa mit halber Leuchtkraft arbeiten, wenn am Ausgang nur die halbe Spannung anliegt. LEDs können gedimmt werden und leuchten dann unterschiedlich hell. Unser Auge kann das unterscheiden, denn es ist ein analoger Sensor.

Der LilyPad Arduino besitzt analoge Eingänge, an die analoge Sensoren angeschlossen werden können. In Projekt 9 wird ein analoger Sensor ausgelesen. In Projekt 8 lernst du, wie analoge Ausgaben an geeigneten Pins erzeugt werden, um damit LEDs zu dimmen.

Allerdings ist das sehr vereinfacht formuliert und ein Profi würde hier einiges genauer beschreiben. Für uns ist das nicht dramatisch, denn wir wollen ja nur eine LED dimmen und interessieren uns gar nicht so sehr für die Unterscheide zwischen analog und digital.

Projekt 8: LEDs dimmen

Die LEDs an Pin 9 und Pin 10 können als analoge Ausgänge benutzt werden. Eine LED, die an diesen Pins angeschlossen ist, kann gedimmt werden.

Du benötigst

Du musst nichts nähen in diesem Projekt! Du brauchst das Ergebnis von Projekt 7 bzw. es reicht sogar das Ergebnis von Projekt 6: vier LEDs, die mit einem LilyPad Arduino verbunden sind.

Schritt 1: Das Programm ändern

Wenn du nicht programmieren möchtest, findest du das fertige Programm im Internet:

http://tinyurl.com/mtw-projekt8

Lade das fertige Programm mit dem USB-Adapter auf den LilyPad Arduino und verbinde es mit dem Akku.

Das Programm verstehen

```
Datei  Bearbeiten  Sketch  Tools  Hilfe

  Projekt8

/*
LEDs dimmen
faded zwischen LEDs an Pin 9 und 10 hin und her
*/

void setup() {
  pinMode(5, OUTPUT);//Pin 5 als Ausgang
  pinMode(6, OUTPUT);//Pin 6 als Ausgang
  pinMode(9, OUTPUT);//Pin 9 als Ausgang
  pinMode(10, OUTPUT);//Pin 10 als Ausgang
}

void loop() {
  for(int z=0; z<256;z++)
  {
    analogWrite(9, z);//LED an Pin 9 wird heller
    analogWrite(10, 255-z);//LED an Pin 9 wird dunkler
    delay(5);
  }
  for(int z=0; z<256;z++)
  {
    analogWrite(9, 255-z);//LED an Pin 9 wird dunkler
    analogWrite(10, z);//LED an Pin 10 wird heller
    delay(5);
  }
}
```

Die setup()-Funktion definiert die bekannten Pins als Ausgänge.

In der loop()-Funktion wird es wieder spannend. Zunächst sehen wir die Zeile for(int z=0;z<256;z++)

Das ist eine *for-Schleife*. In diesem Fall zählt sie von 0 bis 255 hoch und der jeweilige Zählerwert steht in der Variablen z. Eine *Variable* ist ein Platzhalter, in dem z.B. eine Zahl stehen kann.

Nach dieser Zeile folgen drei Befehle, die von geschweiften Klammern eingeschlossen sind. Die Klammern gehören zur for-Schleife. analogWrite(9,z) gibt einen analogen Wert an Pin 9 aus. Die Spannung an Pin 9 wird durch den Wert z beeinflusst. Ist z etwa 0, dann liegt an Pin 9 die Spannung 0V an. Ist z 255, so liegen 5V an Pin 9 an. Etwa 2.5V liegen also an Pin 9 an, wenn z den Wert 127 hat. Etwas sehr Ähnliches machen wir in der nächsten Zeile mit Pin 10. Allerdings ist die Ausgabe an Pin 10 immer das Gegenteil von der Spannung an Pin 9. Liegt an Pin 9 eine Spannung von 0V an, dann messen wir an Pin 10 eine Spannung von 5V usw. Das Ganze wiederholen wir dann in einer zweiten for-Schleife, allerdings tauschen Pin 9 und Pin 10 die Rollen. Was passiert also tatsächlich? Pin 9 wird erst immer heller und dann immer dunkler. Der Pin dimmt erst hoch und dann wieder runter. Pin 10 macht das Gegenteil: Er dimmt erst runter und dann hoch. Es sieht so aus, als würden die beiden LEDs abwechselnd blinken. Aber anstatt nur an- und auszugehen, faden sie langsam von einem Zustand zum nächsten. Das sieht viel besser aus, als wenn sie einfach nur digital blinken!

Projekt 9: Einen Lichtsensor auslesen

Ein Lichtsensor kann die Helligkeit messen. Es ist ein analoger Sensor, den wir an einen analogen Eingang anschließen müssen. Dieselbe Helligkeit soll von einer LED erreicht werden, die an Pin 10 hängt.

Du benötigst

- Das Ergebnis von Projekt 6 oder 7
- leitendes Nähgarn
- LilyPad-Lichtsensor

Planung

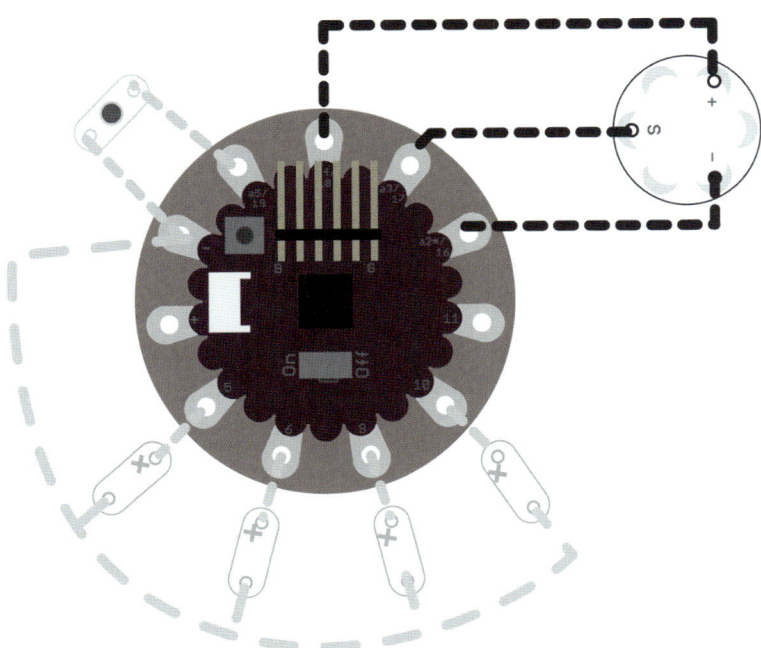

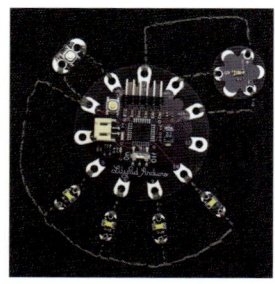

Viele Pins sind bereits belegt. Der Lichtsensor hat drei Anschlüsse: +, - und S. Am einfachsten wäre es, wenn + und - an die entsprechenden Pins vom LilyPad Arduino genäht würden. Aber da stört der LilyPad-Taster ein wenig. Also nutzen wir digitale Ausgänge, um die benötigte Spannung bereitzustellen. Pin 16 soll mit dem Minusanschluss des Sensors verbunden werden, Pin 18 mit dem Pluspol des Sensors. Pin 17 muss mit dem Signalpin des Sensors verbunden werden. Es ist wieder hilfreich, wenn du die Verbindungen mit Kreide auf den Stoff malst. Achte darauf, dass der Signalpin (mit dem Buchstaben S gekennzeichnet) nach links, zum LilyPad Arduino hin, zeigt. Plus ist dann oben und Minus unten. Beachte auch, dass Pin 11 ungenutzt bleibt. Er ist der einzige freie Pin (außer dem Pluspol) nach diesem Projekt.

Schritt 1: Pluspol verbinden

Nähe mit einem doppelten Faden aus leitendem Garn vom Pluspol des Sensors zu Pin 18 vom LilyPad Arduino. Durch jedes Loch solltest du mindestens dreimal nähen, aber das weißt du mittlerweile bereits.

Schritt 2: Signalpin verbinden

Der Signalpin ist durch den Buchstaben S gekennzeichnet. Nähe mit einem doppelten Faden eine Verbindung zu Pin 17 vom LilyPad Arduino.

Schritt 3: Minuspol verbinden

Wenig überraschend: Der letzte Pin des Sensors muss mit Pin 16 des LilyPad Arduinos verbunden werden.

Schritt 4: Software verändern

Wenn du nicht programmieren möchtest, findest du das fertige Programm im Internet:

http://tinyurl.com/mtw-projekt9

Lade das fertige Programm mit dem USB-Adapter auf den LilyPad Arduino und verbinde es mit dem Akku.

Schritt 5: Das Programm verstehen

Die setup()-Funktion verstehst du bereits problemlos. Pins 5, 6, 9, 18 und 16 werden als Ausgänge definiert. An Pin 18 wird eine Spannung von 5V angelegt. An Pin 11 wird eine Spannung von 0V angelegt. Die restlichen Ausgänge bleiben ungenutzt.

```
Datei  Bearbeiten  Sketch  Tools  Hilfe

  Projekt9

/*
  Lichtsensor an Pin A3 auslesen
  Wert an Pin 10 ausgeben
*/

void setup() {
  pinMode(5, OUTPUT);//Pin 5 als Ausgang
  pinMode(6, OUTPUT);//Pin 6 als Ausgang
  pinMode(9, OUTPUT);//Pin 9 als Ausgang
  pinMode(10, OUTPUT);//Pin 10 als Ausgang

  pinMode(18, OUTPUT);
  digitalWrite(18, HIGH);

  pinMode(16, OUTPUT);
  digitalWrite(16, LOW);
}

void loop() {
  int wert = analogRead(A3);//wert im Bereich 0..1023 von Pin A3 lesen
  wert = map(wert, 0, 1023, 0, 255);//wert umrechnen in Bereich 0..255

  analogWrite(10,wert);//wert analog ausgeben an Pin 10
  delay(5);//5ms warten schadet nicht
}
```

In der loop()-Funktion wird der Pin A3 analog ausgelesen. Der Befehl analogRead(A3) wandelt dabei die Spannung von 0V..5V in einen Wert zwischen 0 und 1023 um. Diese Zahl wird in eine Variable mit dem Namen wert gespeichert. Da der Befehl analogWrite() nur Werte im Bereich 0..255 ausgeben kann, muss der Wert vorher angepasst werden. Dafür ist der Befehl map(wert,0,1023,0,255) zuständig. Ihm wird gesagt, dass die Eingabe zwischen 0 und 1023 liegt und die Ausgabe zwischen 255 und 0. Wenn der Wert 0 war, wird daraus eine 0 gemacht. War der Wert 512, wird daraus eine 127 gemacht, war der Wert 1023, wird daraus eine 255 gemacht usw. Der resultierende Wert wird zurück in die Variable wert geschrieben. Die analoge Ausgabe kennen wir bereits: analogWrite(10,wert) gibt den passenden Ausgabewert auf Pin 10 analog aus (als Spannung zwischen 0V und 5V). Am Ende wartet der

Mikrocontroller 5 ms, damit wir nicht zu oft den analogen Wert auslesen. Das Programm misst also die Helligkeit des Lichtsensors an Pin A3, wandelt ihn in eine Zahl zwischen 0 und 255 um und gibt die entsprechende Spannung an Pin 10 wieder aus. An Pin 10 hängt die LED, und so ist die LED heller, wenn der Lichtsensor mehr Licht empfängt, und dunkler, wenn der Lichtsensor Dunkelheit wahrnimmt. Du könntest das Programm leicht abändern, um die LED heller zu machen, wenn der Sensor dunklere Lichtintensitäten misst: einfach die Zeile mit dem map()-Befehl wie folgt umschreiben:

```
wert = map(wert, 0, 1023, 255, 0);
```

So einfach ist das!

Spannungsteiler

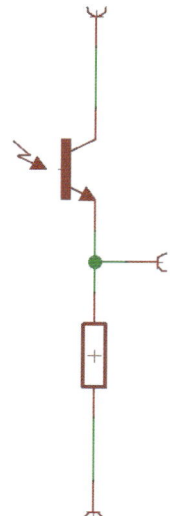

Spannungsteiler haben viele Anwendungen. In unserem Kontext sind sie praktisch, um analoge Sensoren an einen Mikrocontroller anzuschließen. Viele Sensoren sind nämlich nichts anderes als veränderbare Widerstände. Ein Beispiel ist der LilyPad-Lichtsensor. Er ist eigentlich etwas komplexer als zuvor beschrieben. Auf der kleinen Platine befindet sich ein Lichtsensor, der – vereinfacht gesprochen – je nach Helligkeit seinen Widerstand verändert, sowie ein fester Widerstand. Gemeinsam bilden sie einen Spannungsteiler. An die Platine wird eine Spannung angelegt, so dass am Ausgang S der Platine eine geteilte Spannung anliegt, die vom Verhältnis zwischen festem und variablem Widerstand (Lichtsensor) auf der Platine abhängt. Gucken wir uns das Schaltbild des LilyPad Lichtsensors neben dem Text hier genauer an: Es gibt ein Nähloch für die Eingangsspannung (oben), eins für die Ausgangsspannung (rechts) und eins für den Minuspol (unten). Der Lichtsensor ist das merkwürdige Symbol oben, und der feste Widerstand ist unten im Schaltbild zu sehen. Er hat einen Wert von 10kOhm (10000 Ohm). Fällt kein Licht auf den Sensor, wird am Ausgang eine Spannung von 0V gemessen. Bei normalem Umgebungslicht werden 1V-2V ausgegeben und bei helleren Lichtbedingungen kann die Ausgangsspannung maximal so groß wie die Eingangsspannung werden, also meist 5V. Das wissen wir bereits aus Projekt 9. Der feste Widerstand ist allerdings in dem Projekt nicht besprochen worden, obwohl er sehr wichtig ist. Ohne ihn würde am Ausgangspin S der

Platine keine sinnvolle Spannung gemessen. Das gleiche gilt für den Temperatursensor und für viele andere analoge Sensoren.

Die Physik, die hinter dem Spannungsteiler steckt, ist etwas komplexer als bisher besprochen, aber für praktische Zwecke reicht es, wenn du so tust, als wäre der Lichtsensor einfach nur ein veränderbarer Widerstand in einem Spannungsteiler. Tatsächlich wird nämlich die Spannung »über« dem festen Widerstand gemessen. Diese ist abhängig vom Strom, der durch Lichtsensor und Widerstand fließt. Wie auch immer, du könntest den Lichtsensor durch einen anderen Sensor austauschen und würdest eine sehr ähnliche Schaltung aufbauen: ein Sensor und ein fester Widerstand.

In Kapitel 5 wirst du viele Sensoren bauen. Um sie an einem Mikrocontroller auslesen zu können, musst du einen festen Widerstand mit ins Spiel bringen. Dafür baust du nun eine kleine Platine, die nur einen Widerstand auf einem LilyPad Protoboard beinhaltet.

Du benötigst

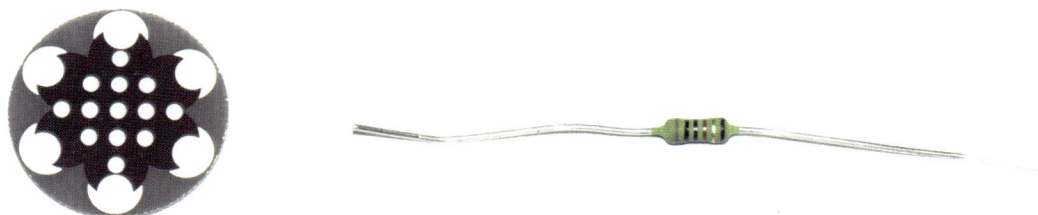

- LilyPad Protoboard klein (Art.Nr.: DEV-09102)
- Widerstand (z.B. 10kOhm aus Art.Nr.: COM-10969)

Schritt 1: Widerstand auf Protoboard stecken

Ein Protoboard bietet Löcher und Verbindungen an. Mit dieser Platine kannst du eigene Schaltungen aufbauen.

Stecke die Beine des Widerstands durch die äußersten kleinen Löcher der Platine, so dass der Widerstand auf der Oberseite des Protoboards zu sehen ist – das ist die Seite ohne das LilyPad-L-Logo:

Schritt 2: Widerstand löten

Falls du noch nie gelötet hast, schau dir Kapitel 4 an. Löte nun auf der Unterseite die Beine des Widerstands an den Pads fest.

Schritt 3: Leiterbahnen unterbrechen

Auf dem vorherigen Bild kannst du dünne Leiterbahnen auf der Rückseite der Platine erkennen. Du musst sie mit einem Cutter auftrennen, so dass sie entlang der roten Markierungen (siehe nächstes Bild) unterbrochen sind:

Das muss nicht schön aussehen, aber mit einem Multimeter solltest du prüfen, dass auch wirklich kein Kontakt mehr existiert. Sei aber vorsichtig, denn nicht alle Leitungen sollen unterbrochen werden. Schneidest du die Unterbrechungen zu lang, werden Verbindungen unterbrochen, die eigentlich bestehen bleiben sollten.

Du kannst nun 5V, GND und den Ausgang an den LilyPad Arduino und deinen Sensor an die beiden Nählöcher rechts anschließen. Ein Anschluss des Sensors wird dabei mit 5V verbunden, der andere mit dem Ausgangspin.

Mit dem Quellcode aus Projekt 9 kannst du nun den Sensor auslesen.

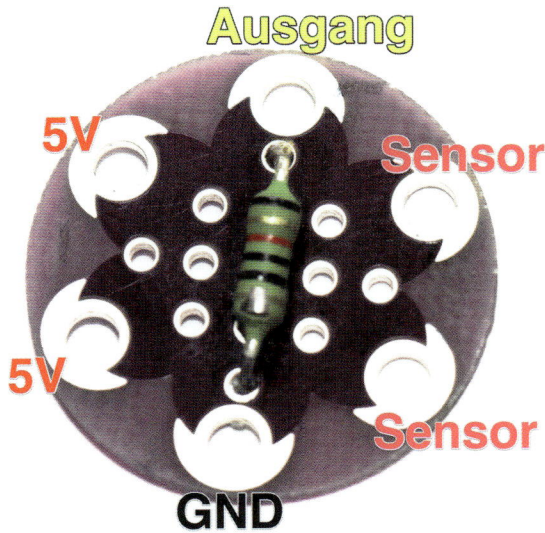

Zusammenfassung

Du hast gelernt, wie man verschiedene elektronische Bauteile an einen LilyPad Arduino anschließt. Alle Komponenten wurden genäht. Passende Programme kannst du mit dem USB-Adapter hoch laden, und du hast auch schon die ersten Befehle kennengelernt, mit denen der LilyPad Arduino programmiert werden kann. Versuche diese Grundlagen gut zu verstehen, und wenn du bereit bist, findest du im nächsten Kapitel mehr Beispiele, die komplexeren Bauteile zu benutzen.

Wenn die Programmierung dir nicht gefallen hat, ist das nicht schlimm, denn die fertigen Programme gibt es als Downloads im Internet und du musst sie nur auf der LilyPad Arduino hoch laden. Sie sollten direkt funktionieren wenn du alles so anschließt wie in den Projekten erklärt.

Folgende Befehle der Arduino Programmiersprache solltest du verstanden haben: pinMode(), delay(), digitalRead(), digitalWrite(), analogWrite() und analogRead(). Übe den Umgang mit diesen Befehlen, da man damit fast alles machen kann, was mit einem Mikrocontroller möglich ist. Außerdem solltest du wissen, was eine Variable ist und wie man die for()-Schleife benutzt. Was ist ein Pull-Up Widerstand und was ist eigentlich der Unterschied zwischen analog und digital? Hast du verstanden, was setup() und loop() machen? Falls du festgestellt haben solltest, dass das LilyPad Arduino für dich zu umständlich ist oder die Programmiersprache nichts für dich ist, dann werfe später einen Blick in Kapitel 6, wo das Aniomagic Sparkle Projekt benutzt wird, das ganz ohne Programmierung funktioniert.

Im nächsten Kapitel geht es weiter mit dem LilyPad Arduino. Es wird Musik gemacht, Temperatur und Bewegung gemessen und mit dem Computer kommuniziert. Am Ende wird es noch richtig bunt, da du eine moderne RGB-LED benutzt, um Farben zu mischen. Wenn du Freude mit dem LilyPad Arduino hattest, wird das nächste Kapitel noch mehr Spaß bereiten.

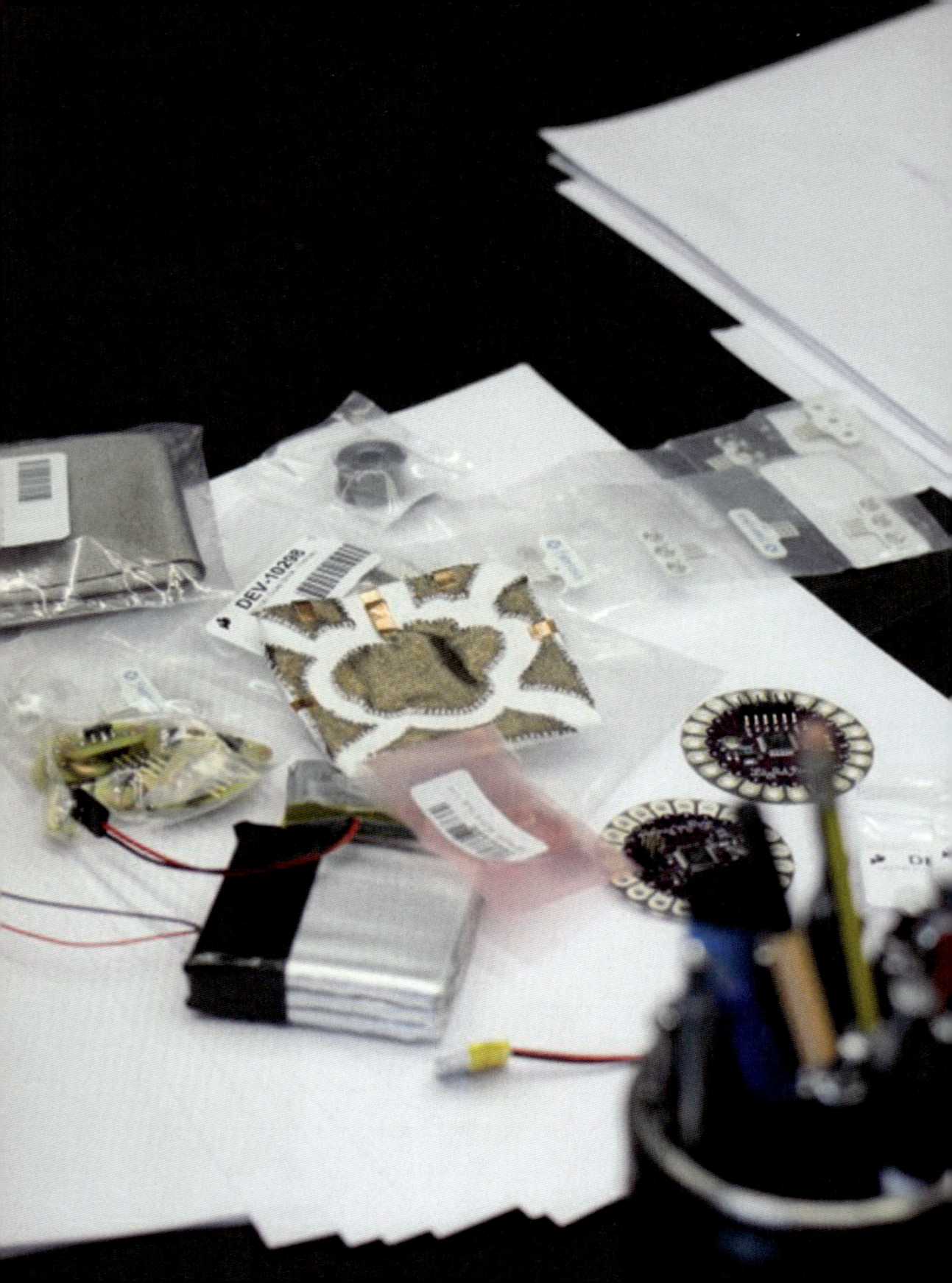

Smart Fashion für Fortgeschrittene

Im letzten Kapitel hast du erste Projekte mit dem LilyPad Arduino aufgebaut. Der Schritt vom Einsteiger zum Experten ist beim Arduino zum Glück sehr einfach, deswegen lernst du in diesem Kapitel ein paar zusätzliche Tricks und Techniken. Vor allem geht es aber um praktische Erweiterungen, die deine Smart-Fashion-Projekte bereichern sollen. Du wirst einen *Lautsprecher* verwenden, um damit Töne zu erzeugen. Mit passenden *Sensoren* wirst du Temperatur und Bewegung messen und schließlich eine *RGB-LED* nutzen, um beliebige Farben zu erzeugen. Bunte LEDs sind sowieso das wichtigste, da man auf Kleidung beachtet, und wenn diese dann aufwändig blinkt und bunt leuchtet, dann hat man einen modischen Vorteil. In Verbindung mit den Klängen aus dem Lautsprecher und der Möglichkeit, auf Sensorwerte zu reagieren, werden deine Mode-Projekte zu richtigen Hinguckern!

Ein weiteres wichtiges Thema bei der Entwicklung von Programmen ist die *Kommunikation* mit dem Computer. Im Alltag wird Kleidung zwar selten mit einem Computer verbunden sein, aber um Muster zu optimieren oder Programm-Fehler zu suchen, ist die Kommunikation mit dem PC sehr nützlich. Vor allem ist sie sehr einfach, da man sowieso eine *USB-Verbindung* zum Computer benötigt, um den Lily-Pad Arduino zu programmieren. Das gleiche USB-Kabel kann benutzt werden, um Sensorwerte auszulesen oder Statusmeldungen vom Mikrocontroller zu empfangen. Es sind wichtige Experimente, die fortgeschrittene Projekte überhaupt erst möglich machen. Vor allem machen sie aber Spaß und kosten nichts. A propos Kosten: Die Sensoren in diesem Kapitel sind etwas kostspieliger. Das ist auch der Grund, warum wir überhaupt zwischen Kapitel 2 und 3 unterscheiden. Während die Bauteile aus Kapitel 2 in keiner Sammlung fehlen sollten, ist die Einkaufsliste von Kapitel 3 etwas, das auch schrittweise angeschafft werden kann.

Einkaufsliste

- LilyPad Lautsprecher (Art.Nr.: DEV-08463)
- LilyPad-Temperatursensor (Art.Nr.: 2008491)
- LilyPad-Beschleunigungssensor (Art.Nr.: DEV-09267)
- 3x WS2801 Breakout (Art.Nr.: BOB-10504)

Es gibt auch alle Komponenten als fertiges Set bei Watterott electronic unter folgender Bestellnummer: 20110320.

Projekt 10: Töne erzeugen

Du benötigst

- LilyPad Arduino (Simple Board)
- LilyPad Lautsprecher

Da Pin 11 nach den Projekten in Kapitel 2 noch immer frei ist, kann das Ergebnis von Kapitel 2 verwendet und der LilyPad-Lautsprecher an Pin 11 angeschlossen werden.

Schritt 1: Planung

Der Lautsprecher hat nur zwei Anschlüsse: *Plus* und *Minus*. Der Pluspol muss mit Pin 11 verbunden werden, der Minuspol mit dem Minuspol des LilyPad Arduinos. Wenn du das Projekt neu startest, musst du einen langen Bogen vom Minuspol des LilyPad Arduinos nähen und das Ende mit dem Minuspol des Lautsprechers verbinden. Falls du alle Projekte aus Kapitel 2 genäht hast, ist noch genug Platz für den Lautsprecher und du kannst eine Menge Zeit sparen, da der Bogen mit dem Minuspol bereits genäht ist. Du musst ihn nur ein Stück verlängern und mit dem Lautsprecher verbinden.

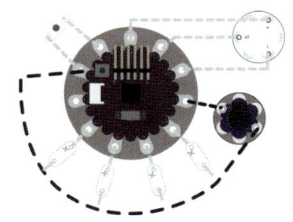

Schritt 2: Lautsprecher nähen

Nähe Pin 11 an den Pluspol des Lautsprechers und den Minuspol des LilyPad Arduinos an den Minuspol des Lautsprechers. Das ist sehr einfach und sollte kein Problem mehr darstellen.

Schritt 3: Das Programm ändern

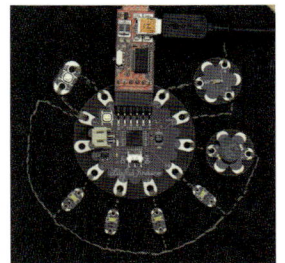

Grundlage für dieses Projekt ist ein Beispielprogramm, das direkt mit der Arduino IDE ausgeliefert wird. Öffne das Programm im Menu File→Examples→2.Digital→toneMeldoy.

Dieses Programm spielt eine kleine Melodie auf Pin 8. Du hast den Lautsprecher jedoch an Pin 11 angeschlossen, also müssen wir in der setup()-Funktion jede 8, die direkt nach einer Klammer steht, durch eine 11 ersetzen, wenn die 8 der erste Parameter der Befehle *tone()* oder *noTone()* ist.

Das fertige Programm kannst du auch im Internet herunterladen:

http://tinyurl.com/mtw-projekt10

Die pitches.h-Datei von Tom Igoe gibt es hier:

http://tinyurl.com/mtw-projekt10h

Lade das Programm mit dem USB-Adapter auf den LilyPad Arduino. Du solltest die Melodie hören. Sie spielt nur einmal. Um sie erneut zu hören, kannst du entweder den Reset-Knopf auf dem LilyPad drücken (der einzige Knopf, der auf der Platine ist) oder die Spannungsquelle abziehen und neu verbinden.

Schritt 4: Das Programm verstehen

```
Datei  Bearbeiten  Sketch  Tools  Hilfe

  Projekt10      pitches.h

/*
  Spielt eine Melodie
  Original Code von Tom Igoe
*/
#include "pitches.h"

// notes in the melody:
int melody[] = {
NOTE_C4, NOTE_G3, NOTE_G3, NOTE_A3,
NOTE_G3,0, NOTE_B3, NOTE_C4};

// Notentypen: 4 = Viertelnote, 8 = Achtelnote, etc.:
int noteDurations[] = { 4, 8, 8, 4,4,4,4,4 };

void setup() {
  // gehe die 8 Töne der Melodie einzeln durch
  for (int thisNote = 0; thisNote < 8; thisNote++) {

    // die Notenlänge ist 1 Sekunde geteilt durch
    // den Notentyp
    //z.B. Vietelnote = 1000 / 4, Achtelnote = 1000/8, etc.
    int noteDuration = 1000/noteDurations[thisNote];
    tone(11, melody[thisNote],noteDuration);

    // Pause, um Noten zu unterscheiden
    // Notenlänge + 30% scheint ein guter Wert zu sein:
    int pauseBetweenNotes = noteDuration * 1.30;
    delay(pauseBetweenNotes);
    // Den Ton stoppen:
    noTone(11);
  }
}

void loop() {
  //es reicht, wenn die Melodie einmal gespielt wird,
  //deswegen wiederholen wir sie hier nicht endlos
}
```

Das Programm besteht aus zwei Dateien: dem eigentlichen Programm und einer Hilfsdatei mit dem Namen *pitches.h*, in der alle Töne gespeichert sind, die man im Hauptprogramm aufrufen kann.

Um diese Hilfsdatei im Programm verwenden zu können, wird sie mit dem #include-Befehl hinzugefügt.

Es folgt die Definition einer Variablen, die alle Noten der Melodie enthält. Sie heißt melody[] und die eckigen Klammern deuten an, dass hier eine Liste von Werten gespeichert ist. Das ist ja auch klar, denn mit nur einer Note könnte man keine Melodie erzeugen, deswegen brauchen wir hier viele verschiedene Noten, die hintereinander abgespielt werden können. Eine solche Liste von Werten nennen Programmierer auch *Array* oder *Feld*. Im Feld mit dem Namen melody[] sind in unserem Beispiel acht Noten abgespeichert: C4, G3, G3, A3, G3, 0, B3 und C4. Die 0 ist dabei keine richtige Note, sondern steht für eine Pause. Die acht Noten für die Melodie stehen somit fest, und als nächstes sollten wir festlegen, wie lange jeder Ton gehalten wird. Diese Information ist im Array noteDurations[] abgespeichert. Darin steht eine 4 für eine Viertelnote und eine 8 für eine Achtelnote. Zum Beispiel ist der erste Ton der Melodie eine Viertelnote mit der Tonhöhe C4. Der zweite Ton ist die Note G3 als Achtelnote usw.

In der setup()-Funktion wird die Melodie abgespielt. Eine for-Schleife geht Note für Note der Melodie einzeln durch. Die Zählervariable heißt thisNote und hat im Laufe der Zeit die Werte 0,1,2,3,4,5,6,7.

Als Erstes wird die Zeitdauer berechnet, die die Note gehalten wird. Sie wird berechnet als 1000 durch Notenlänge. Eine Viertelnote ist somit 1000/4=250 ms lang. Eine Achtelnote wird hingegen nur 125 ms gespielt. Diese Zeit wird in der Variablen mit dem Namen noteDuration gespeichert. Dann wird der Ton gestartet:

```
tone(11, melody[thisNote], noteDuration);
```

gibt den Ton an Pin 11 aus. Der zweite Parameter ist die gewünschte Note aus dem melody[]-Array. noteDuration hatten wir gerade thematisiert. Als Nächstes wird eine Pausendauer berechnet, die der Notenlänge multipliziert mit dem Faktor 1.30 entspricht. Hier kannst du auch andere Werte ausprobieren. Die Zeile delay(pauseBetweenNotes) wartet entsprechend und der Befehlt noTone(11) stellt sicher, dass kein Ton an Pin 11 gespielt wird.

Das passiert, wie gesagt, Ton für Ton, bis alle acht Töne der Melodie gespielt wurden.

Auf Werte in einem Array zugreifen

Der erste Wert unseres Arrays mit dem Namen melody[] kann wie folgt abgerufen werden:

melody[0]. Beim zweiten schreiben wir entsprechend melody[1] und beim achten Wert müssen wir melody[7] aufrufen. Das liegt daran, dass Informatiker häufig mit der Null anfangen zu zählen. Das erste Element hat für einen Informatiker also den Index Null. Der konkrete Wert, den der Aufruf melody[0] zurückgibt, ist: NOTE_C4. Dahinter verbirgt sich wiederum eine Zahl, die wir in der Datei *pitches.h* nachschlagen können: Es ist der Wert 262.

Entsprechend würde ein Aufruf von noteDurations[1] die Zahl 8 zurückgeben. Du kannst also auf jeden einzelnen Eintrag in einem Array direkt zugreifen.

Projekt 11:
Temperatur messen

In diesem Projekt wollen wir einen zweiten analogen Sensor betrachten: den LilyPad-Temperatursensor. Mit ihm können für Kleidungsstücke übliche Temperaturen gemessen werden.

Du benötigst

- LilyPad Arduino
- LilyPad-Temperatursensor
- 4 LilyPad LEDs

Du kannst das Ergebnis des letzten Projekts benutzen und musst nicht mit einem leeren Stück Stoff anfangen.

Planung

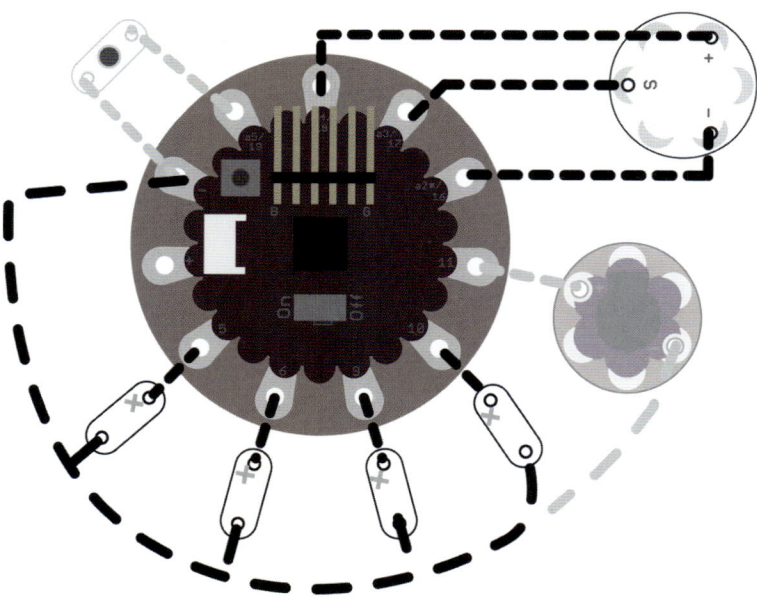

Die Schaltung ist identisch mit Projekt 9 aus Kapitel 2. Allerdings wird anstelle des Lichtsensors nun ein Temperatursensor verwendet. Der Temperatursensor hat drei Anschlüsse: *Pluspol*, *Minuspol* und *Signalleitung*. Er wird genauso wie der Lichtsensor angeschlossen: Signalleitung an Pin 17, Pluspol an Pin 18, Minuspol an Pin 16.

Schritt 1: Lichtsensor entfernen oder neu anfangen

Falls du mit einem leeren Stück Stoff neu anfangen möchtest, musst du die vier LEDs auf den Stoff nähen (siehe Projekt 6 in Kapitel 2). Falls du hingegen alles Schritt für Schritt so gemacht hast, dass du nun keinen freien Pin mehr übrig hast und das Ergebnis aus Projekt 10 vor dir liegt, musst du den Lichtsensor entfernen. Schneide die Naht an den Löchern des Lichtsensors auf, so dass du ihn entfernen kannst. Mit etwas Geschick kannst du im nächsten Schritt dann den Temperatursensor an die Enden der drei Nähte nähen, oder du gehst auf Nummer sicher und entfernst die drei Nähte aus elektrisch leitendem Garn vollständig. In diesem Fall müsstest du auch das Garn aus Pin 16, 17 und 18 entfernen. Nutze dafür eine Schere.

Schritt 2: Temperatursensor nähen

Nähe jeweils mit einem doppelten Faden aus leitendem Garn von den Pins 16, 17 und 18 aus. Pin 16 wird mit dem Pluspol des Sensors verbunden, Pin 17 mit dem Signalpin S und Pin 18 mit dem Minuspol des Temperatursensors.

Schritt 3: Das Programm ändern

Du kannst das Programm von Projekt 9 auf den LilyPad Arduino laden und wirst merken, dass sich die LEDs nicht besonders verändern. Das liegt daran, dass die Temperaturschwankungen eher gering sind. Wenn du mit einem Fön oder mit Kältespray auf den Temperatursensor zielst, erreichst du einen starken Temperaturunterschied und kannst eine Veränderung an den LEDs feststellen. Aber das ist nicht wirklich praktisch.

Stattdessen wollen wir ein neues Programm auf den LilyPad Arduino aufspielen, das du unter folgender Adresse im Internet findest:

http://tinyurl.com/mtw-projekt11

Spannungen beim LilyPad Arduino Simple Board

Die Spannung, mit der der LilyPad Arduino betrieben wird, nennt man auch *VCC*. Wenn beim LilyPad Arduino Simple Board der Schalter auf OFF steht und ein USB-Adapter mit 5V angeschlossen wird, so ist auch VCC etwa 5V.

Schaltest du den Schalter auf ON, wird VCC auf die Batteriespannung heruntergeregelt, die bei etwa 4V liegt. Wenn du einen 3,3V-USB-Adapter anschließt (Achtung: der USB-Adapter von Watterott kann 5V und 3,3V liefern) und der Schalter auf OFF steht, ist VCC 3,3V. Schaltest du den Schalter auf ON bei dieser geringen Spannung, so passiert gar nichts. Du solltest den Schalter nicht auf ON stellen, wenn du einen 3,3V-USB-Adapter verwendest. Die Batterie hat eigentlich eine Spannung von 3,7V, wir rechnen aber lieber mit 4V, da komplexe Schaltungen auf dem Simple Board eine Spannung bereitstellen, die ein angeschlossenes Akku laden kann ... langer Rede kurzer Sinn: Wenn du einen Akku am Simple Board verwendest, betrachte VCC als 4V.

Schritt 4: Das Programm verstehen

Folgende Werte gibt der Temperatursensor aus: 0,5V bei 0 °C, 0,75V bei 25 °C. Pro Grad Celsius steigt die Spannung am Pin S um 10mV an.

```
Datei  Bearbeiten  Sketch  Tools  Hilfe

Projekt11

int analogpin = 3;//Pin A3 ist Signalpin des Sensors
int null_grad_celsius = 128;//128 bei 4V, 102 bei 5V

void setup()
{
  //LEDs
  pinMode(5, OUTPUT);
  pinMode(6, OUTPUT);
  pinMode(9, OUTPUT);
  pinMode(10, OUTPUT);
  pinMode(18, OUTPUT);
  digitalWrite(18, HIGH);//Pluspol für Sensor
  pinMode(16, OUTPUT);
  digitalWrite(16, HIGH);//Minuspol für Sensor
}

void loop()
{
  int adc = analogRead(analogpin);
  int c = (adc - null_grad_celsius)/2;

  digitalWrite(5, LOW);//LED 5 aus
  digitalWrite(6, LOW);//LED 6 aus
  digitalWrite(9, LOW);//LED 9 aus
  digitalWrite(10, LOW);//LED 10 aus

  if(c>10)//wenn Temperatur grösser als 10 Grad C
  {
    digitalWrite(5, HIGH);//LED 5 an
  }
  if(c>20)//wenn Temperatur grösser als 20 Grad C
  {
    digitalWrite(6, HIGH);//LED 5 und 6 an
  }
  if(c>25)//wenn Temperatur grösser als 25 Grad C
  {
    digitalWrite(9, HIGH);//LED 5, 6 und 9 an
  }
  if(c>30)//wenn Temperatur grösser als 30 Grad C
  {
    digitalWrite(10, HIGH);//alle LEDs an
  }
  delay(5);//kurze Pause
}
```

Jeder analoge Eingangspin eines LilyPad Arduino Simple Boards misst den Wert 1024, wenn dort etwa 4V anliegen und das Ganze mit einem Akku betrieben wird. 10mV sind 0,01V, was stark abgerundet einem Wert von etwa 2 entsprechen würde (0,01/4*1024=2,56). Für 0,5V können wir etwa einen Wert von 128 messen. Um nun von dem gemessenen Temperaturwert in die Einheit Grad Celsius umzurechnen, gilt folgende Formel:

C = (ADC-128)/2

wobei C die gemessene Temperatur in Grad Celsius und ADC der vom Arduino mit der Funktion analogRead() gemessene analoge Wert ist. Diese Formel gilt nur für den verwendeten Temperatursensor. Andere Sensoren folgen anderen Gesetzen.

Das Programm schaltet die LED an Pin 5 an, wenn die Temperatur mindestens 10 °C beträgt. Die LED an Pin 6 geht zusätzlich an, wenn der Sensor mindestens 20 °C misst. Bei mehr als 25 °C sind die LEDs 5, 6 und 9 an und alle LEDs leuchten unter der Bedingung, dass die Temperatur auf über 30 °C steigt.

Betrachten wir das Programm nun im Detail:

Zunächst wird der Variable analogpin der Wert 3 zugewiesen. Die Signalleitung des Temperatursensors ist ja auch mit Pin A3 verbunden. Dann wird der Wert 128 der Variable null_grad_celsius zugewiesen. Wenn du sicher bist, dass die Spannung des LilyPad Arduinos 5V ist, dann kannst du aus der 128 eine 102 machen und erreichst dadurch bessere Ergebnisse.

In der Funktion setup() werden erst alle Pins, an denen LEDs angeschlossen sind, als Ausgänge definiert. Dann wird Pin 18 als Ausgang vorbereitet und mit digitalWrite(18, HIGH) werden 5V an ihn angelegt (eigentlich sind es 4V, wenn wir genau sein wollen). Es ist der Pluspol für den Sensor. Entsprechend wird Pin 18 als Minuspol vorbereitet, da er als Ausgang mit 0V vorbereitet wird.

In der loop()-Funktion wird der analoge Messwert vom Pin A3 in die Variable adc gespeichert und dann die Variable c mit der Berechnung unserer Formel von oben gefüllt. In der Variable c steht nun die Temperatur in Grad Celsius. Hierzu noch eine Anmerkung: Eigentlich steigt der Messwert pro 10mV nicht um den Wert 2, sondern um etwa 2,56. Du kannst also durch 3 teilen (und nicht durch 2), falls die Ergebnisse nicht gut genug für dein Projekt sind. Du kannst aber nicht durch 2,5 teilen, da in diesem Beispiel nur ganze Zahlen verwendet werden!

Nun werden alle LEDs ausgeschaltet und entsprechend der oben genannten Regel wieder eingeschaltet (LED 5, wenn mindestens 10 °C usw.). Am Ende wird noch 5 ms gewartet, damit sich der Mikrocontroller ein wenig erholen kann. Wir können ohnehin nicht so schnell schauen.

Projekt 12: Beschleunigungssensor

Du benötigst

- LilyPad Arduino (Simple Board)
- LilyPad Beschleunigungssensor
- 4 LilyPad LEDs

Du kannst das Ergebnis des letzten Projekts benutzen und musst nicht mit einem leeren Stück Stoff anfangen.

Planung

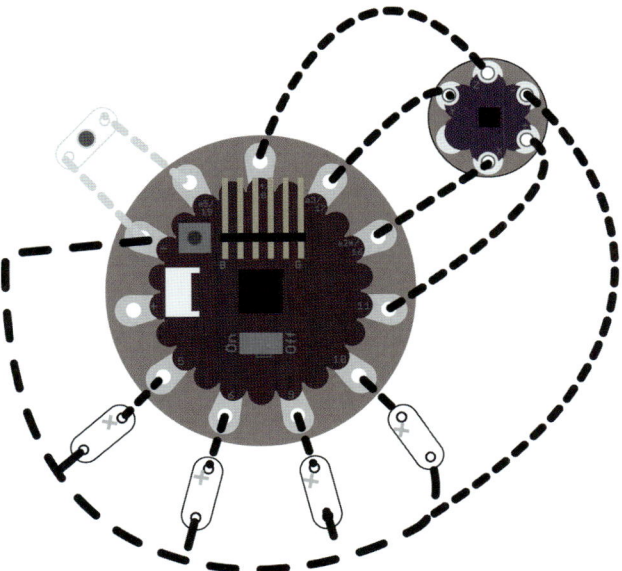

Der Beschleunigungssensor hat fünf Löcher. Der Minuspol muss mit dem Minuspol des LilyPad Arduinos verbunden werden. Den Pluspol des Sensors verbindest du mit Pin 11. Den Ausgang mit der Bezeichnung X verbindest du mit Pin 16, Ausgang Y mit Pin 17 und Ausgang Z mit Pin 18.

Aus dem letzten Projekt müssen sowohl der Temperatursensor als auch der Lautsprecher entfernt werden, sonst sind nicht genug Pins frei.

Schritt 1: Den Beschleunigungssensor nähen

Nähe die fünf Pins des Sensors an die entsprechenden Pins des Lily-Pad Arduinos. Entferne dazu vorher den Temperatursensor und den Lautsprecher. Falls du auf einem leeren Stück Stoff neu anfängst, musst du den Minuspol des LilyPad Arduinos in einem großen Bogen nähen und daran die vier LEDs und den Beschleuni-gungssensor nähen. Den Taster brauchen wir nicht, er stört aber auch nicht.

Schritt 2: Das Programm ändern

Hier findest du das fertige Programm im Internet:

http://tinyurl.com/mtw-projekt12

Schritt 3: Das Programm verstehen

```
Datei  Bearbeiten  Sketch  Tools  Hilfe

Projekt12

/*
 Ließt Lagesensor an Pin A2 aus und
 deutet die Lage an den vier LEDs 5,6,9,10
 */
int xPin = 2;//X-Achse wird an Pin A2 ausgelesen
//gemessene Sensorwerte
int x_min = 450;//der kleinste Wert
int x_mitte = 550;//der mittlere Wert
int x_max = 580;//der grösste Wert

void setup(){
  pinMode(5, OUTPUT);//Pin 5 als Ausgang
  pinMode(6, OUTPUT);//Pin 6 als Ausgang
  pinMode(9, OUTPUT);//Pin 9 als Ausgang
  pinMode(10, OUTPUT);//Pin 10 als Ausgang
  pinMode(11, OUTPUT);//Pluspol
  digitalWrite(11, HIGH);//Pluspol
  Serial.begin(9600);
}

void loop(){
  //LEDs aus schalten
  digitalWrite(5, LOW);
  digitalWrite(6, LOW);
  digitalWrite(9, LOW);
  digitalWrite(10, LOW);

  int x = analogRead(xPin);//analogen Wert auslesen

  if(x>x_max)//wenn Messwert grösser als Maximalwert
  {
    digitalWrite(10, HIGH);
  }
  else if(x>x_mitte)//wenn Messwert grösser als mittlerer Wert
  {
    digitalWrite(9, HIGH);
  }
  else if(x>x_min)////wenn Messwert grösser als Minimum
  {
    digitalWrite(6, HIGH);
  }
  else//wenn Messwert kleiner als Minimum
  {
    digitalWrite(5, HIGH);
  }
  delay(500);//Etwas Pause machen...
  Serial.println(x);
}
```

Du hast drei Sensorausgänge an die analogen Eingänge des LilyPad Arduinos genäht. Damit kannst du Beschleunigungen um die x-, y- und z-Achse auslesen. Da der Sensor auch die Erdbeschleunigung wahrnimmt, kannst du ihn als Lagesensor verwenden. Näh ihn auf eine Jacke, und du kannst messen, ob die Jacke gerade getragen wird, in Bewegung ist oder auf dem Rücken liegt ... Das ist allerdings nicht ganz einfach, und für wirklich beeindruckende Ergebnisse muss man etwas von Trigonometrie verstehen. Wir wollen hier allerdings nur einen einfachen Einsteig finden und deswegen nur die Drehung um die y-Achse messen. Um diese Drehung herauszubekommen, müssen wir den Messwert der x-Achse betrachten. Wenn der Pfeil am x-Ausgang nach unten zeigt, messen wir einen Wert von 450. Zeigt der Pfeil in den Himmel, messen wir 580. Wenn der Sensor waagerecht gehalten wird, ist der Mittelwert etwa 550. Diese drei Werte haben wir in die Variablen x_min, x_mitte und x_max eingetragen. Jeder Sensor ist ein wenig anders, und du lernst in Projekt 13, wie du die Werte optimieren kannst.

In der setup()-Funktion werden die LEDs als Ausgänge definiert und zusätzlich Pin 11 als Ausgang mit HIGH Pegel, da wir ihn als Pluspol für den Sensor gebrauchen.

In der loop()-Funktion werden zunächst die LEDs ausgeschaltet. Dann wird der analoge Eingang an Pin A2 ausgelesen und der Messwert in die Variable x gespeichert. Anschließend wird mit if-Abfragen jeweils eine LED eingeschaltet: Ist der Wert höher als x_max, so wird die LED an Pin 10 eingeschaltet. Ist er größer als x_mitte, so wird LED 9 eingeschaltet. Beachte, dass vor dem zweiten if ein else steht. Das bedeutet, dass nur wenn x nicht größer als x_max war (erste if-Abfrage) die zweite if-Abfrage berücksichtigt werden soll. Es kann also nur genau eine LED eingeschaltet werden. Ohne das else vor den if-Abfragen würden die LEDs zusätzlich eingeschaltet werden. Beispiel: Wenn der Wert größer als x_max ist, dann wären alle LEDs an, wenn es keine else-if-Abfragen im Programm geben würde. Es existiert allerdings auch eine Zeile, die nur ein else und kein if enthält: Sie wird erreicht, wenn keine der vorhergehenden if-Abfragen erfüllt war. Das bedeutet konkret: Wenn x nicht größer als x_min war, dann wird dieses else berücksichtigt. Einfach ausgedrückt: Wenn x kleiner oder gleich x_min ist, wird die LED an Pin 5 eingeschaltet.

Am Ende wird wieder 5 ms gewartet, damit keine Hektik aufkommt.

Projekt 13:
Kommunikation mit dem Computer

Für dieses Projekt brauchst du nur einen LilyPad Arduino und den USB-Adapter, allerdings werden wir das Ergebnis von Projekt 12 aufgreifen und ein paar Experimente damit machen.

Schritt 1: Die Verbindung mit dem Computer

Verbinde den USB-Adapter wie gewohnt mit dem Computer. Starte die Arduino IDE und wähle den richtigen seriellen Port aus, so wie du es in Kapitel 2 gelernt hast. Dann wollen wir uns zwei Beispiele vornehmen: Zuerst wird der LilyPad Arduino dir einen guten Tag wünschen und im zweiten Aufbau wird er die Messwerte aus dem letzten Projekt ausgeben, damit du x_min, x_mitte und x_max an deinen Sensor anpassen kannst.

Schritt 2: Guten Tag!

Lade das Programm aus dem Internet und spiel es wie gewohnt auf den LilyPad Arduino auf:

http://tinyurl.com/mtw-projekt13a

Alternativ kannst du auch eine neue Datei anlegen. Gehe dazu im Menü auf den Eintrag File→New

Ein leeres Programm erscheint. Tippe die folgenden Zeilen ab.

```
Datei  Bearbeiten  Sketch  Tools  Hilfe

    Projekt13_GutenTag

void setup()
{
  Serial.begin(9600);
  Serial.println("Guten Tag!");
}

void loop()
{
}
```

Die loop()-Funktion ist leer, darf aber nicht weggelassen werden.

In der setup()-Funktion stehen zwei Befehle. Der erste beginnt die serielle Kommunikation mit dem Computer. Der Parameter *9600* gibt dabei die Geschwindigkeit in Bit pro Sekunde an. Für die meisten Projekte sollte die Geschwindigkeit keine Rolle spielen, du kannst meistens mit 9600 Bit pro Sekunde arbeiten.

Der zweite Befehl schickt eine Zeile an den Computer. Serial.println() steht für: *Serial PrintLine*. Der Parameter ist eine Zeichenkette, also Buchstaben (und Zahlen bei Bedarf), die in ein Paar doppelter Anführungszeichen eingeschlossen sind. Konkret wünscht dir das Programm einmal »Guten Tag!«, und das war es dann auch schon. Wie kannst du den Text nun lesen?

Oben rechts über dem Programmtext gibt es ein Symbol, das eine kleine Lupe zeigt. Gehst du mit der Maus über das Symbol, steht links davon *Serial Monitor*. Klick auf die Lupe und es erscheint ein neues Fenster:

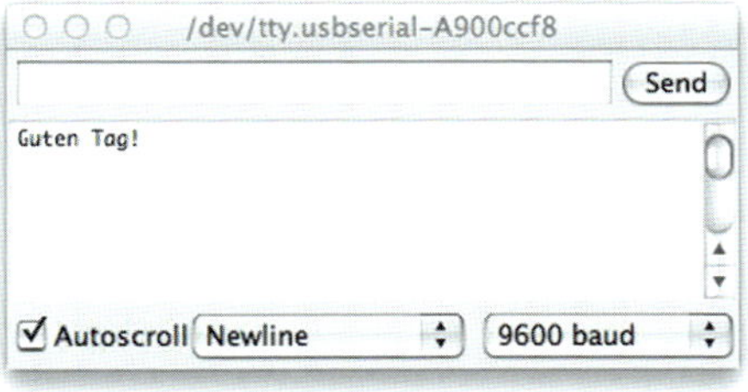
/dev/tty.usbserial-A900ccf8
Send
Guten Tag!
Autoscroll
Newline
9600 baud

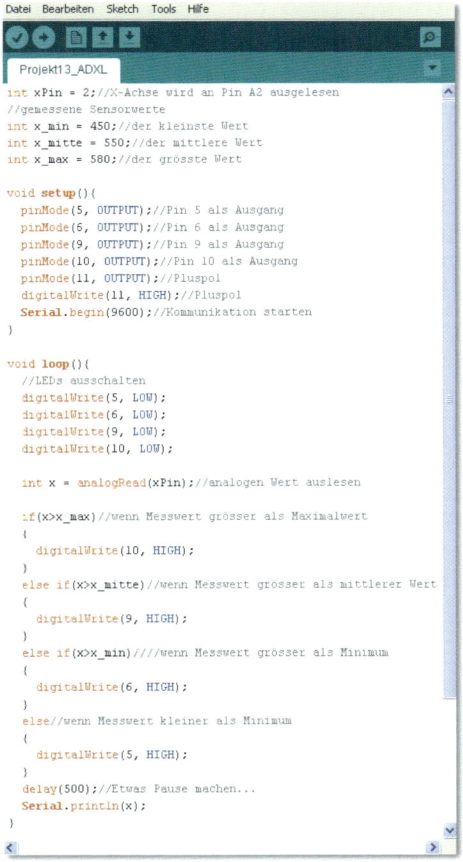
Datei Bearbeiten Sketch Tools Hilfe
Projekt13_ADXL
int xPin = 2;//X-Achse wird an Pin A2 ausgelesen
//gemessene Sensorwerte
int x_min = 450;//der kleinste Wert
int x_mitte = 550;//der mittlere Wert
int x_max = 580;//der grösste Wert
void setup(){
pinMode(5, OUTPUT);//Pin 5 als Ausgang
pinMode(6, OUTPUT);//Pin 6 als Ausgang
pinMode(9, OUTPUT);//Pin 9 als Ausgang
pinMode(10, OUTPUT);//Pin 10 als Ausgang
pinMode(11, OUTPUT);//Pluspol
digitalWrite(11, HIGH);//Pluspol
Serial.begin(9600);//Kommunikation starten
}
void loop(){
//LEDs ausschalten
digitalWrite(5, LOW);
digitalWrite(6, LOW);
digitalWrite(9, LOW);
digitalWrite(10, LOW);
int x = analogRead(xPin);//analogen Wert auslesen
if(x>x_max)//wenn Messwert grösser als Maximalwert
{
digitalWrite(10, HIGH);
}
else if(x>x_mitte)//wenn Messwert grösser als mittlerer Wert
{
digitalWrite(9, HIGH);
}
else if(x>x_min)////wenn Messwert grösser als Minimum
{
digitalWrite(6, HIGH);
}
else//wenn Messwert kleiner als Minimum
{
digitalWrite(5, HIGH);
}
delay(500);//Etwas Pause machen...
Serial.println(x);
}

Im Fenstertitel steht der Name des seriellen Ports, den du für die Verbindung zum LilyPad Arduino benutzt. Dann kommt ein weißes Textfeld, das in unserem Fall leer ist. Rechts davon ist ein Knopf mit der Aufschrift SEND. Du könntest so den Inhalt des Textfelds an den Arduino schicken. Das hat aber nur Sinn, wenn der Arduino auch tatsächlich auf eine Eingabe wartet. Dieses einfache Programm benötigt keine Eingabe über die serielle Schnittstelle.

Darunter ist ein größeres Textfenster mit dem Text *Guten Tag!*. Das ist die Ausgabe des LilyPad Arduinos. Alles, was der Computer vom LilyPad empfängt, wird in dieses Textfenster geschrieben.

Dann gibt es noch ein paar Einstellungen unter dem Textfenster: AUTOSCROLL scrollt den Text automatisch herunter, wenn mehr Inhalt angekommen ist, als in das Textfenster passen. Der Ausdruck *9600 Baud* steht für die Geschwindigkeit, die zu dem `Serial.begin(9600)` passt.

Schritt 3: Beschleunigungswerte ausgeben

Wir schreiben jetzt das Programm aus Projekt 12 so um, dass der analoge Messwert auf dem Computer angezeigt wird. Hier kannst du das fertige Programm herunter laden:

http://tinyurl.com/mtw-projekt13b

Zwei Zeilen müssen hinzugefügt werden: An das Ende der `setup()`-Funktion schreibst du den `Serial.begin(9600);` und an das Ende der `loop()`-Funktion fügst du den Befehl `Serial.println(x);` hinzu. Außerdem solltest du die Wartezeit von 5 ms auf 500 ms erhöhen. Aus `delay(5);` muss also `delay(500);` werden. Du kannst auch den `delay(500)`-Befehl ans Ende der `loop()`-Funktion schreiben, aber es macht für unser Beispiel keinen Unterschied. Alle 500 ms wird nun der analoge Messwert ausgegeben. Bewege den Sensor und notiere die Messwerte. Vor allem der kleinste und der größte Wert sind wichtig. Der dritte wichtige Messwert ist die Ruhelage. Leg den Sensor waagerecht auf einen Tisch oder Ähnliches und beobachte die Werte. Trage den letzten Wert in `x_mitte` ein, den kleinsten Wert in `x_min` und den größten Wert in `x_max`.

Ändere die Werte in deinem Programm entsprechend und spiele das neue Programm auf den LilyPad Arduino auf. Jetzt sollten die LEDs sehr gut auf deinen Sensor reagieren.

Projekt 14:
WS2801 RGB LED –
Farben mischen

In diesem Projekt wirst du 1–3 LEDs an den LilyPad Arduino nähen. Jede LED kann alle beliebigen Farben darstellen. Es wird also bunt!

Du benötigst

- LilyPad Arduino
- 1x-3x WS2801Breakout Board

Planung

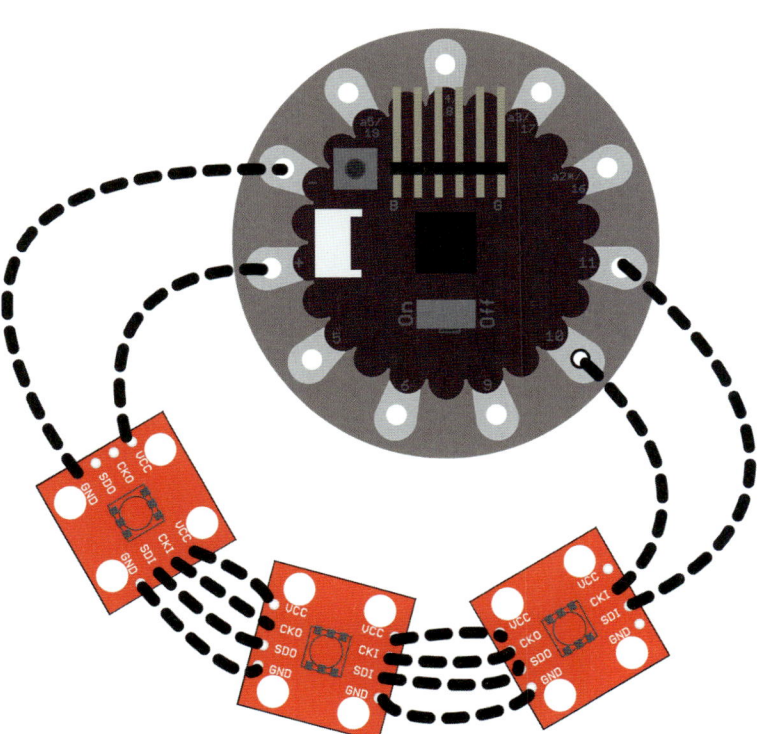

Dieses Projekt sieht auf den ersten Blick sehr einfach aus. Drei LEDs an einen LilyPad Arduino nähen, das kann doch nicht so schwierig sein. Allerdings sind die verwendeten Bauteile diesmal nicht speziell für Wearable-Computing-Projekte entwickelt worden. Es handelt sich um LEDs, die jede Farbe darstellen können. Die Platinen haben jeweils acht Löcher, jedoch sind sie viel kleiner als bei den bisherigen Bauteilen. Man kommt mit einer Nadel zwar durch die Löcher und kann auch zwei- bis dreimal durchnähen, aber die Abstände zwischen den Löchern sind viel geringer und deswegen musst du diesmal besonders gut aufpassen, dass benachbarte Nähte sich nicht berühren! Wenn du etwas Zeit und Geduld hast, kannst du drei oder mehr LEDs nähen. Für den Anfang reicht aber auch eine einzelne LED völlig aus.

Schritt 1: VCC und GND nähen

Verbinde den VCC-Pin der LED mit dem Pluspol des LilyPad Arduinos. Verbinde den GND-Pin der LED mit dem Minuspol des LilyPad Arduinos. Achte darauf, dass Du VCC und GND von der Seite nimmst, auf der sich auch die CKO und SDO Pins befinden!

Schritt 2: Die restlichen Pins der LED nähen

Wenn du nur eine LED nähen möchtest, verbindest du nun den Pin CKI mit Pin 10 und SDI mit Pin 11. Falls du zwei oder mehr LEDs in einer Kette anordnen möchtest, verbinde jeweils VCC und GND auf der CKI-Seite des einen Boards mit VCC und GND der CKO-

Seite des nächsten Boards. Verbinde außerdem CKI mit CKO und SDI mit SDO. Die Illustration oben sollte alles darstellen.

Schritt 3: Auf Kurzschlüsse prüfen

Noch einmal der Hinweis: Benachbarte Nähte dürfen sich nicht berühren! Deswegen solltest du zwischen jeweils zwei LEDs alle benachbarten Pins mit dem Multimeter prüfen. Stelle es dafür auf den Durchgangsprüfer (unten rechts, direkt an den Messanschlüssen siehst du einen kleinen Punkt mit drei Bögen) und halte jeweils eine Messleitung an einen Pin der LED. Falls das Multimeter piepst, hast du einen ungewollten Kontakt und musst die Naht prüfen und ggf. neu nähen!

Das Programm ändern

Das Programm ist relativ umfangreich. Du kannst es hier herunterladen:

http://tinyurl.com/mtw-projekt14

Das Programm verstehen

```
Datei  Bearbeiten  Sketch  Tools  Hilfe

Projekt14
int CKI = 10;//Taktleitung an Pin 10
int SDI = 11;//Datenleitung an Pin 11

void setup() {
  pinMode(SDI, OUTPUT);
  pinMode(CKI, OUTPUT);
}

void loop()
{
  setRGB(255,0,0);//erste LED wird rot
  sendReset();
  delay(1000);
  setRGB(0,255,0);//erste LED wird grün
  sendReset();
  delay(1000);
  setRGB(0,0,255);//erste LED wird blau
  sendReset();
  delay(1000);

  setRGB(255,0,0);//dritte LED wird rot
  setRGB(0,255,0);//zweite LED wird grün
  setRGB(0,0,255);//erste LED wird blau
  sendReset();
  delay(1000);

  setRGB(0,0,0);//dritte LED aus
  setRGB(0,0,0);//zweite LED aus
  setRGB(0,0,0);//erste LED aus
  sendReset();
}

void setRGB(byte r, byte g, byte b)
{
  sendByte(r);
  sendByte(g);
  sendByte(b);
}

void sendByte(byte b)
{
  for(byte bitnumber=8; bitnumber>0;bitnumber--)
  {
    digitalWrite(CKI, LOW);//Taktleitung LOW
    digitalWrite(SDI, (b & (1<<bitnumber)));//Datenleitung setzen
    digitalWrite(CKI, HIGH);//Taktleitung HIGH
  }
}
```

Wir teilen die Analyse dieses Programms in zwei Teile auf. Zunächst betrachten wir die naheliegenden Dinge an und dann gehen wir ins Detail.

Als Erstes werden zwei Variablen definiert: CKI und SDI. Die Werte entsprechen den Pinnummern, an denen der CKI-Pin und der SDI-Pin der LED angeschlossen sind. CKI hat den Wert 10 und SDI den Wert 11.

In der setup()-Funktion werden die beiden Pins als Ausgänge vorbereitet.

Die loop()-Funktion geht direkt spannend los: Der neue Befehl setRGB(255,0,0); setzt die erste LED auf den RGB-Wert 255,0,0. Also 255/255=100% Rot, 0/255=0% Grün und 0% Blau. Dann wird dieser Farbwert durch den Befehl sendReset(); von der LED angezeigt. Es wird noch eine Sekunde gewartet und dann kommt mit setRGB(0,255,0); die nächste Farbzuweisung. Die LED wird nun grün. Das Spiel wird wiederholt und die LED zeigt schließlich die Farbe Blau.

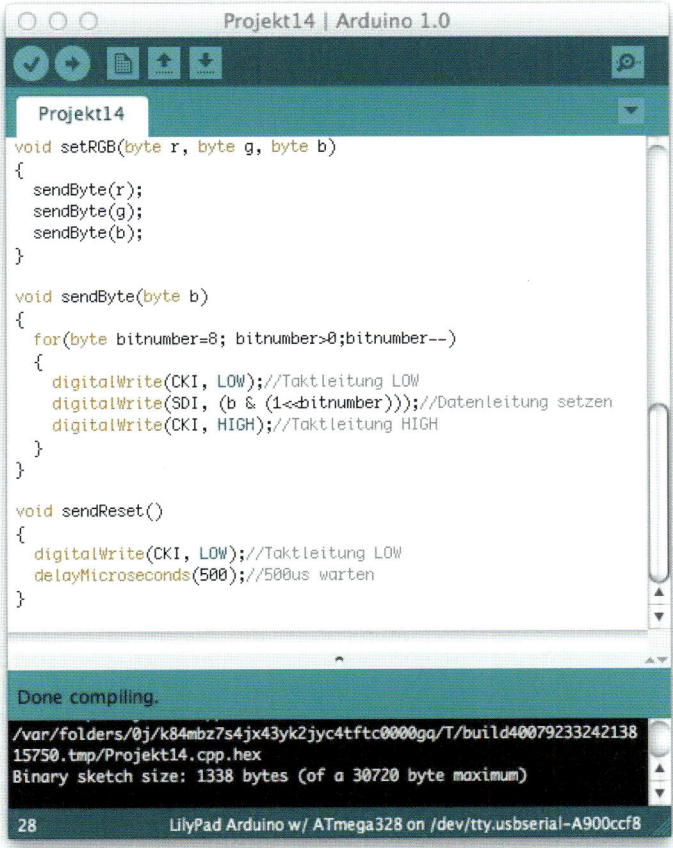

Dann folgen drei Farbzuweisungen hintereinander: Rot kommt zuerst, dann Grün und am Ende Blau. Die Farbzuweisungen werden von einer LED an die nächste weitergereicht. Das heißt: Rot wird von der ersten zur zweiten LED und schließlich zur dritten LED weitergereicht, Grün wird von der ersten zur zweiten LED weitergereicht und Blau wird nur von der ersten LED gesehen. Die LEDs wissen nun, was sie als Nächstes anzeigen sollen. Erst durch den Befehl sendReset() ändert sich dann die Farbe tatsächlich. Gleichzeitig schaltet die erste LED auf Blau, die zweite LED auf Grün und die dritte LED auf Rot um. Du kannst die Farbwerte verändern, wobei der höchste Wert einer Farbkomponente 255 und der kleinste Anteil 0 ist. Am Ende der loop()-Funktion werden noch alle drei Werte auf den Farbwert 0,0,0 gesetzt. Sie gehen damit aus.

Fassen wir das nochmal zusammen:

setRGB(A,B,C) schickt eine Farbzuweisung an die erste LED. Folgt darauf eine weitere Farbzuweisung setRGB(D,E,F), so speichert die erste LED sie ab und sendet ihren ursprünglichen Speicher (A,B,C) an die zweite LED weiter. Kommt nun eine dritte Zuweisung setRGB(G,H,I), so speichert die erste LED sie, gibt ihren aktuellen Speicher (D,E,F) an die zweite LED weiter, die wiederum ihren aktuellen Speicher (A,B,C) an die dritte LED weitergibt. Erst wenn ein sendReset() ausgeführt wird, zeigen die drei LEDs ihren aktuellen Speicher als Farbe an. Du kannst das entsprechend für vier, fünf, sechs, 1000 LEDs weiterdenken. Und genau hier zeigt sich die Eleganz dieser Lösung: Mit nur vier Bahnen kannst du fast beliebig viele LEDs ansteuern und die können jeweils auch noch jede beliebige Farbe anzeigen!

Aber woher kommen die Befehle setRGB() und sendReset()? Dafür müssen wir im Code etwas weiter unten gucken. Diese Befehle sind nämlich im Programm selbst definiert.

Du kannst also deine eigenen Funktionen schreiben! Guck dir die Funktion setRGB rechts etwas genauer an. Vor dem Funktionsnamen steht das Schlüsselwort void. Es drückt aus, dass diese Funktion kein Ergebnis zurückgibt. Nach dem Funktionsnamen stehen drei Parameter in Klammern. Ihr Datentyp ist byte. Ein *Byte* kann 8 Bit speichern. Ein Bit ist die digitale Informationseinheit, die wir als 0 oder 1 kennen. Ein Byte speichert also 8 Nullen oder Einsen. Wir sehen direkt drei solcher Parameter: r,g und b. Die Namen kannst du selbst festlegen. Du hättest sie auch rot, gruen, blau nennen können. Nach der geschlossenen runden Klammer geht eine geschweifte Klammer auf. Innerhalb der beiden geschweiften Klammern stehen drei Zeilen. Es sind die Befehle, die ausgeführt werden, wenn der Programmierer die setRGB()-Funktion verwendet. Konkret wird zuerst der Befehl sendByte(r); ausgeführt, dann sendByte(g); und schließlich sendByte(b). Dieser Befehl ist ebenfalls neu. Er wird direkt im Anschluss an die setRGB()-Funktion definiert.

Die sendByte()-Funktion müssen wir etwas ausführlicher besprechen. Sie hat einen Parameter vom Typ byte. Zunächst fällt eine for-Schleife auf, die die Zählervariable mit dem Namen *bitnumber* von 8 bis 1 herunterzählt. Innerhalb der for-Schleife stehen drei digitalWrite()-Befehle. Der erste setzt die Taktleitung (CKI) auf den Wert LOW. Dann wird die Datenleitung (SDI) auf HIGH gesetzt, falls das Bit an der Stelle bitnumber gesetzt ist (den Wert 1 hat). Falls das Bit an der Stelle bitnumber nicht gesetzt ist, also 0 ist, wird auf der Datenleitung hingegen der Wert LOW ausgegeben. Am Ende wird die Taktleitung wieder auf HIGH gezogen.

Schauen wir den Zauberspruch mit der Datenleitung nochmal an:

```
(b & (1 << bitnumber))
```

b ist ja ein Byte, das aus acht Bit besteht. 1 << bitnumber ist ein Schiebebefehl. Er schiebt die Zahl 1 um bitnumber Stellen nach links. Beispiel: 1 << 4 schiebt die 1 um vier Stellen nach links. Es füllt die Stellen von rechts mit Nullen auf. Das Resultat ist dann 10000. Da es insgesamt acht Bit in einem Byte gibt, werden auch die restlichen Stellen mit Nullen aufgefüllt. Insgesamt ist das Resultat also die binär codierte Zahl 00010000. Im Dezimalsystem, das wir sonst für Zahlen benutzen, entspricht es der Zahl 16, denn von rechts nach links gerechnet ist es: 0*1+0*2+0*4+0*8+1*16+0*32+0*64+0*128 = 16. Wenn du mit den Begriffen Dezimalsystem und Binärsystem nichts anfangen willst, dann lass dich von diesen Details auch nicht langweilen. Wir führen das hier jetzt nur bis ins letzte Detail aus, um zu zeigen, dass es auch beim Programmieren Ausdrucksformen gibt, die durchaus kreative Fähigkeiten voraussetzen.

Der &-Operator wendet nun ein logisches UND auf die beiden Zahlen b und 16 an. Das Ergebnis kann nur 1 oder 0 sein, und es wird ja an den Befehl digitalWrite() weitergegeben. Was passiert also wirklich? Wenn das Bit der Zahl b an der Stelle bitnumber 1 ist, dann wird an den Ausgang HIGH geschrieben. Ansonsten wird an den Ausgang LOW geschrieben.

Gehen wir einen Schritt zurück: Bevor die Datenleitung mit HIGH oder LOW beschrieben wird, wurde die Taktleitung auf LOW gesetzt. Nachdem die Datenleitung geschrieben wurde, wird sie wieder auf HIGH gesetzt. Das bedeutet, dass eine LED erst ihre Taktleitung auf LOW setzt, dann das jeweilige Bit (1 oder 0) auf die Datenleitung schreibt und anschließend die Taktleitung wieder auf HIGH zieht. Das wird insgesamt achtmal pro Byte durchgeführt – einmal pro Bit. Schauen wir uns das an einem konkreten Beispiel an: send-Byte(12);

Zunächst wandeln wir die Dezimalzahl 12 in das Binärformat um und erhalten: 00001100

Wir fangen mit dem Bit ganz links an und enden mit dem Bit ganz rechts. Folgende Skizze soll den Vorgang verdeutlichen:

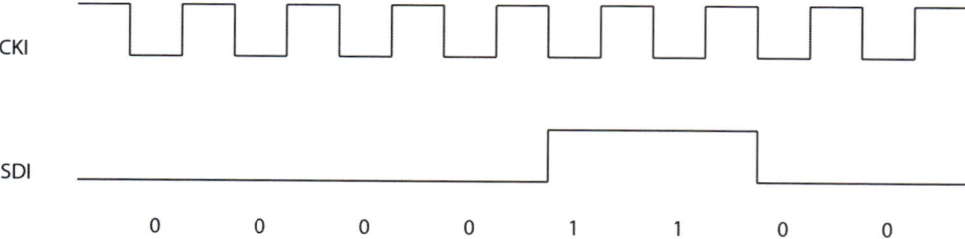

Zusammenfassung

Auch wenn du vielleicht aus Kostengründen nicht alle Projekte in diesem Kapitel tatsächlich aufgebaut hast, solltest du die Programme gut studiert haben und die Planung der Schaltungen nachvollziehen können. Temperatursensor und Beschleunigungssensor sind sehr ähnlich, sie messen nur völlig unterschiedliche physikalische Größen. An ihrer Stelle kannst du auch viele andere analoge Sensoren anschließen, da du das Prinzip verstanden hast, wie man analoge Sensoren auslesen kann. Dein Wissen über die Arduino-Programmiersprache ist ein ganzes Stück umfangreicher geworden. Du weißt nun, was ein Array ist und wie man auf die einzelnen Felder zugreifen kann. Das ist nützlich, um Daten abzuspeichern oder auszulesen. Im Beispiel mit dem Lautsprecher wurden Töne einer Melodie in einem Array abgespeichert. Du weißt nun auch, wie man eigene Funktionen schreibt. Im letzten Projekt hast du z.B. die Funktionen setRGB(), sendByte() und sendReset() geschrieben. Schön auch, dass wir über das Dezimal- und Binärsystem gesprochen haben und die Bit-Shifting Operatoren << und >>

benutzt haben. Sogar den Operator & hast du verstanden. Das sind schon recht fortgeschrittene Dinge und viele Programmierer machen täglich Fehler, da diese einfachen Sachen in unseren Köpfen nicht fest verankert sind. Es gibt auch Menschen, denen diese Operationen keinen Spaß machen, da wir sie im Alltag selten verwenden. Diese Sachen helfen aber dabei, schöne Programme für intelligente Kleidung zu erstellen. Und wie immer gilt: Übung macht den Meister! Nicht direkt aufgeben, wenn die Erklärung der Operatoren nicht gut genug war! Du findest im Internet mehr Material zu diesen Themen. Vor allem solltest du aber eigene Programme schreiben und die Berechnungen prüfen, dann wird dir vieles schnell einleuchten. Guck dir auch die Befehle noch einmal an, die für die serielle Kommunikation gebraucht werden: `Serial.begin()` und `Serial.println()` sind wirklich nützlich.

Wir haben nun genug programmiert und sollten es ein wenig sacken lassen. Im nächsten Kapitel wird deswegen nicht programmiert, sondern wir widmen uns der Handarbeit und den Materialien. Kleidung muss man schließlich nähen!

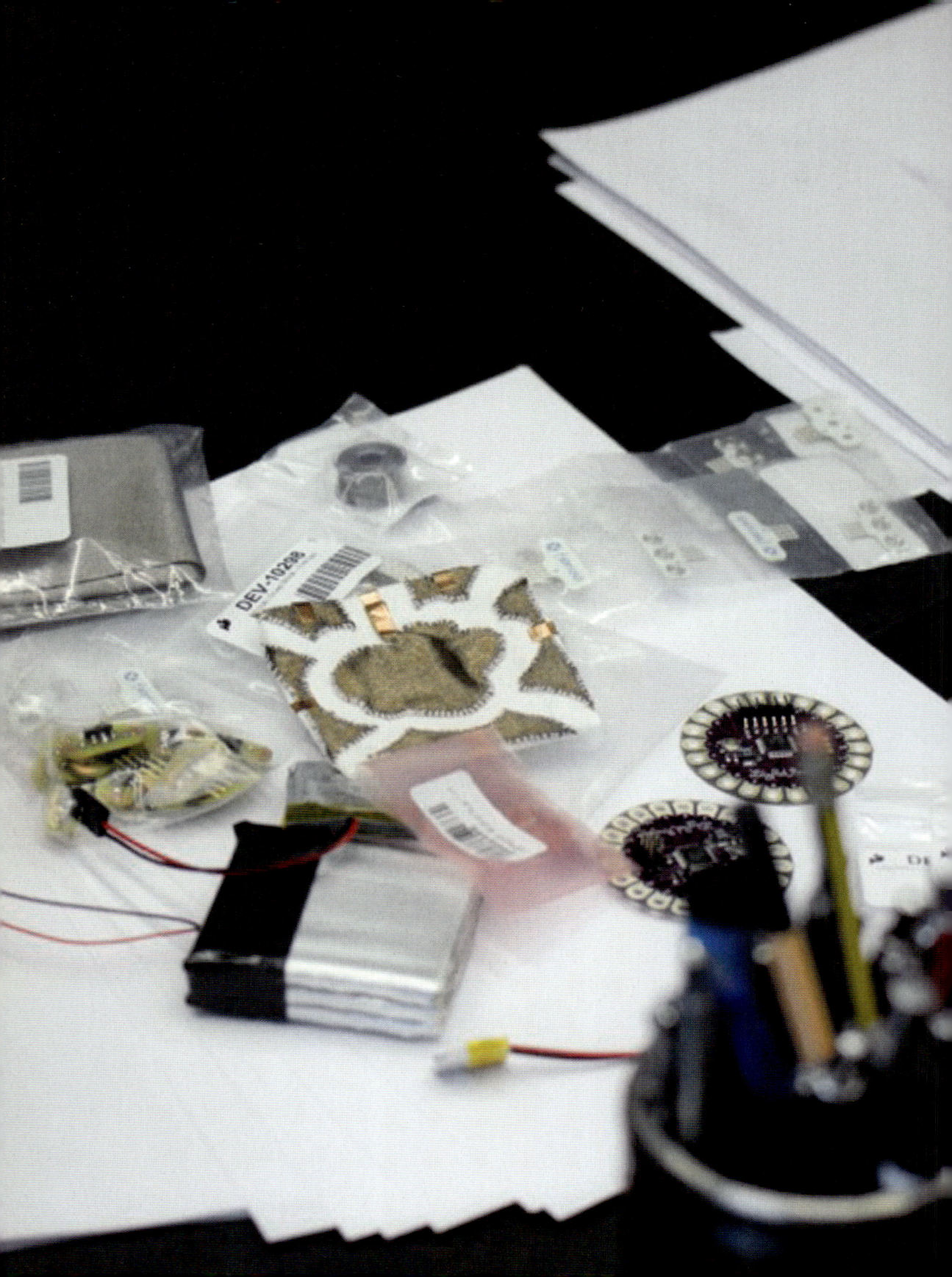

Mehr Materialien, mehr Techniken

4

Seit dem ersten Kapitel verwendest du Materialien, die noch gar nicht richtig besprochen wurden. Was ist eigentlich leitendes Gewebe? Was ist *leitendes Garn* und wie unterscheiden sich diese Materialien von klassischen Textilien? In diesem Kapitel werden weitere Materialien vorgestellt und außerdem lernst du hier ein paar hilfreiche Techniken wie z.B. das *Löten* oder wie man selbst *LED Sequins* herstellt. Als Alternative zu leitendem Garn gucken wir uns die leitende Farbe *BarePaint* und das *Fabrickit*-System an. Sehr spannend sind auch Projekte mit *EL-Wire*, da dieses Material eine Alternative zu LEDs darstellt und vor allem dann zum Einsatz kommt, wenn größere Strecken oder Flächen leuchten sollen. Wie immer wird jeder kleine Schritt erläutert, und zahlreiche Bilder sollen helfen, mit den Materialien und Techniken zurecht zu kommen. Es lohnt sich, dieses Kapitel mehrmals zu lesen und jedes Projekt nachzumachen, denn wenn man einmal den Dreh raus hat, kann man die zunächst kompliziert erscheinenden Techniken sehr leicht einsetzen.

Viele Beispiele gehen auf die Arbeit von Hannah Perner-Wilson und anderen Mitarbeitern von Leah Buechley der High-Low Tech Group des MIT Media Lab zurück. Das gilt auch für die meisten Sensoren im nächsten Kapitel. Manche Sachen sind abgewandelt, da jeder seine eigene Technik entwickelt, aber die Grundlagen aus diesem Kapitel sollte man zumindest einmal angeschaut haben.

Textilien

Textilien spielen eine große Rolle in Wearable-Computing-Projekten. Man sollte versuchen, möglichst alles aus Textilien zu bauen und dafür auf andere Komponenten wie Klebeband oder Kabel zu verzichten. Textilien machen ein eFashion-Projekt schön und ansehnlich.

Textilien aus Naturfasern

Naturfasern haben einen tierischen, pflanzlichen oder mineralischen Ursprung. Der bekannteste pflanzliche Vertreter ist die Baumwolle. Weitere prominente pflanzliche Naturfasern sind z.B. Leinfasern oder Jute. Seide und Wolle sind tierische Rohstoffe.

Synthetische Textilien

Chemiefasern oder auch Kunstfasern sind synthetische Fasern, die z.B. aus Polymeren hergestellt werden. Bekannte Chemiefasern sind Polyester oder Polyamid (Nylon). Polyester ist sehr reißfest, relativ scheuerfest und nimmt kaum Feuchtigkeit auf. Allerdings schmilzt es auch sehr leicht bei größerer Hitze. Nylon hingegen kann verformt werden, wenn es erhitzt wurde, und ist normalerweise ziemlich elastisch.

Alle bisher vorgestellten Textilien sind keine elektrischen Leiter. Es sind Isolatoren. Das bedeutet jedoch nicht, dass man sie in elektronischen Projekten nicht einsetzen würde. Im Gegenteil: Isolatoren spielen sogar eine sehr wichtige Rolle, denn oft muss man verhindern, dass verschiedene Lagen von elektrisch leitenden Textilien sich berühren, da es sonst zu unerwünschten Effekten wie z.B. Kurzschlüssen kommen kann.

Leitende Textilien

Wie der Name bereits vermuten lässt, gibt es auch Textilien, die elektrisch leitend sind. Das bedeutet, dass ein elektrischer Strom durch diese Materialien fließen kann und sie weitere elektrische Eigenschaften besitzen. Die meisten elektrisch leitenden Textilien werden zur elektromagnetischen Abschirmung, für antistatische oder thermische Anwendungen eingesetzt. Es ist also z.B. möglich, Textilien als Heizung zu verwenden. Das kennt man vielleicht von diverser Skibekleidung oder vom beheizten Autositz. Natürlich sind diese leitenden Textilien auch sehr gut geeignet, um elektronische Schaltungen auf Kleidung zu erstellen – Soft Circuits.

Wie alle anderen Textilien liegen auch leitende Textilien in unterschiedlichen Formen vor: als Fasern, Garn, Gewebe, Gewirk oder Gestrick. In der Praxis spielen heute vor allem Garn und Gewebe eine entscheidende Rolle.

Leitendes Garn

Leitendes Garn wird meist aus Baumwolle oder Polyester hergestellt und wahlweise werden Metalle wie Silber, Kupfer, Nickel oder Zinn hinzugefügt. Da diese Metalle nicht isoliert sind, können sie einen elektrischen Kontakt zu anderen leitenden Textilien oder zu elektronischen Bauteilen herstellen. Durch die Baumwolle oder das Polyester wird versucht, ähnliche Näheigenschaften wie bei klassischem Garn zu erreichen. Da Baumwolle und Polyester jedoch nicht leiten, muss das leitende Garn sehr fest mit den restlichen Komponenten vernäht werden, um einen sicheren Kontakt herstellen zu können. Aus diesem Grund ist es sinnvoll, mehr Schleifen zu nähen als bei nicht leitendem Garn. Leider lösen sich die Kontakte mit der Zeit, da das Garn ausfranst oder anders in Mitleidenschaft gezogen werden kann. Deswegen ist es ratsam, alle Kontaktstellen durch zusätzliche Maßnahmen zu fixieren, etwa durch Kleber.

Es gibt viele verschiedene Sorten von leitendem Garn auf dem Markt. Sie unterscheiden sich in ihren elektrischen Eigenschaften, und manche leiten besser als andere. Handelsübliche Garne kommen heute entweder in *2-ply* oder *4-ply* vor. Die 4-ply-Version besitzt dabei doppelt so viel Metall wie die 2-ply-Variante. Mehr Metall bedeutet bessere Leitfähigkeit und weniger elektrischen Widerstand. Allerdings ist es dicker und somit kann es schwieriger sein, damit zu nähen. Man muss also entweder auf das 2-ply-Material zurückgreifen und die schlechteren elektrischen Eigenschaften in Kauf nehmen, oder man verwendet Nadeln mit einer größeren Öse. Garn spielt eine entscheidende Rolle in heutigen Wearable-Computing-Projekten, da man es von Hand nähen kann oder mit der Nähmaschine verarbeitet. Was in der klassischen Elektronik das Kabel ist, ist bei den Projekten in diesem Buch das Nähgarn. Es spricht theoretisch nichts dagegen, Litze und Kabel aus der Elektronik auch auf Kleidung einzusetzen, allerdings leidet meist die Ästhetik darunter und die klassischen textilen Verarbeitungsprozesse sind nicht für derartige Komponenten ausgelegt.

> **Was bedeutet ply?**
>
> 2-ply bdeutet, dass zwei Garne miteinander verdreht (verzwirnt) werden. Bei 3-ply werden drei Garne miteinander verzwirnt usw.

Egal welches Garn man in einem Projekt verwendet, es gibt eine Tatsache, die berücksichtig werden muss: Der elektrische Widerstand steigt mit der Länge des Garns. Ein kurzes Stück Garn hat einen geringeren Widerstand als ein langes Stück Garn bei gleicher Dicke. Vor allem, wenn man gewohnt ist, Kabel oder gar Platinenmaterial in elektronischen Projekten zu verwenden, wird man überrascht sein, welche Nachteile elektrisches Nähgarn mit sich bringt. Allerdings wollen wir auch keine Hochfrequenz-Technik bauen, sondern einfache Schaltungen auf Textilien implementieren, dafür sind die elektrischen Eigenschaften der meisten Garne völlig ausreichend.

Leitende Gewebe

Ähnlich wie Garn können auch Gewebe mit Metall gemischt werden, damit leitendes Gewebe entsteht. Dabei kann das Metall direkt verwoben sein oder normales Gewebe aus Natur- oder Chemiefasern wird mit Metall beschichtet. Hier ein zwei beliebte leitende Gewebe, die häufig in Wearable-Computing-Projekten benutzt werden:

DEV-10056 RipStop

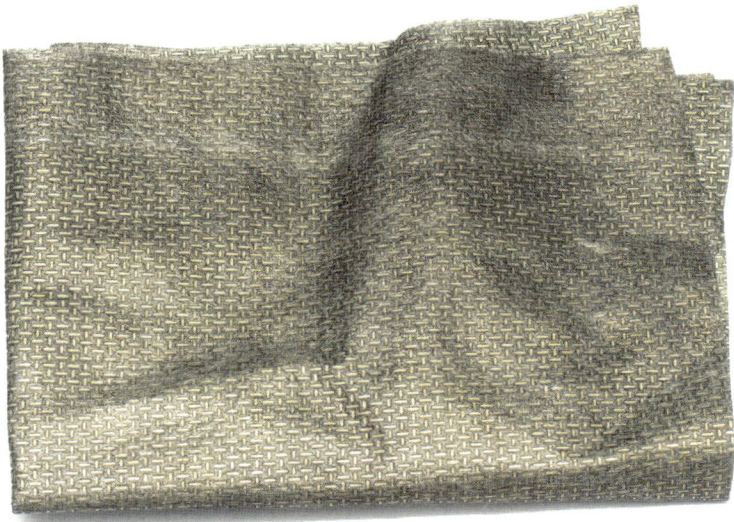

Dieser Stoff ist verhältnismäßig dünn und hat einen sehr geringen elektrischen Widerstand.

DEV-10055 MedTex180

Dieses schwere Material eignet sich sehr gut für jede Wearable-Computing-Anwendung. Im Vergleich zum RipStop-Material ist es leicht elastisch. Das ist nicht immer eine gute Eigenschaft. Beide Materialien lassen sich problemlos mit der Schere oder mit einem Lasercutter schneiden.

Es gibt noch viele weitere Produkte in diesem Bereich, aber meist bekommt man sie nicht in kleinen Mengen oder sie werden nur an die Industrie verkauft. Es lohnt sich, im lokalen Stoffladen zu stöbern, viele Materialien enthalten Metall. Ein Multimeter sollte man aber mitnehmen, um den Widerstand zu messen.

Velostat

Velostat ist ein undurchsichtiger schwarzer Kunststoff der Firma 3M. Linqstat des Herstellers Caplinq ist sehr ähnlich und genauso gut für die Projekte in diesem Buch geeignet. Sein elektrischer Widerstand verringert sich, wenn das Material zusammengedrückt wird. Wenn Velostat zwischen zwei Schichten aus leitendem Material platziert wird, kann man mit dieser Kombination wunderbar Druck- oder Biegesensoren herstellen (siehe Kapitel 5). Mehrere Schichten können gestapelt werden, um den Gesamtwiderstand zu erhöhen. Viele Tüten für elektronische Komponenten bestehen aus Velostat.

Löten

Für den Einstieg reichen ein einfacher Lötkolben und etwas Lötzinn. Lötzinn wird auf Rollen gewickelt verkauft und ist ein weiches Metall, das schmilzt, wenn es durch den Lötkolben erhitzt wird. Es nimmt wieder eine feste Form an, wenn es abkühlt. Für die ersten Versuche reicht ein einfacher Handlötkolben, den man bereits ab 5 Euro erwerben kann. Diese Art Lötkolben hat eine feste Ausgangsleistung, man kann damit einfache Lötarbeiten problemlos durchführen. Wer häufiger lötet, wird irgendwann eine temperaturgesteuerte Lötstation anschaffen wollen. Solche Geräte gibt es bereits ab 30 Euro mit vielen Extras. Markengeräte kosten ein Vielfaches und sind eigentlich nur für Profis sinnvoll, die aufwendige Lötaufgaben bewältigen müssen. Im Bereich des Wearable Computing reichen günstige Lötstationen und Handlötkolben völlig aus.

Wichtig ist, dass man das passende Lötzinn für den Lötkolben verwendet. Es gibt dabei im Grunde genommen zwei Arten: bleihaltiges Lötzinn und bleifreies. Wer kommerzielle Lötarbeiten durchführt, kommt um das bleifreie Lötzinn nicht herum und braucht eine professionelle, temperaturgesteuerte Lötstation, die für bleifreies Löten geeignet ist. Im Hobbybereich darf man aber auch noch das altbewährte bleihaltige Lötzinn verwenden, das bei geringeren Temperaturen schmilzt und somit einfacher zu verarbeiten ist. Handgelötete Lötstellen mit bleihaltigem Lötzinn sehen in der Regel besser aus als bleifreie.

Beim Löten werden in jedem Fall Dämpfe freigesetzt, die nicht gesund sind. Eine gute Belüftung ist sinnvoll, vor allem bei länger dauernden Lötprojekten. Die Gefahr durch die Dämpfe sollte allerdings auch nicht überbewertet werden, da der Dampf unangenehm riecht und jeder selbst wissen wird, wie viel Geruch erträglich ist.

Da beim Löten recht hohe Temperaturen im Bereich von 300 Grad Celsius und mehr auftreten, muss vor allem bei Textilien geprüft werden, ob derart hohe Temperaturen ein Problem für den Stoff darstellen. Vor allem Kunststoffe vertragen die hohen Temperaturen nur schlecht. In jedem Fall ist es vorteilhaft, die Lötarbeiten nicht direkt auf dem Stoff durchzuführen. In der Regel ziehen sich alle Textilien zusammen oder schmelzen, wenn sie hohen Temperaturen ausgesetzt werden, was zu optischen Defekten im Kleidungsstück führen kann.

Neben Lötkolben und Lötzinn empfiehlt es sich, zusätzlich noch Entlötlitze, eine Entlötpumpe, einen Seitenschneider und diverse Hilfsmittel wie Lupe und Pinzetten zu besitzen. Mit der Entlötpumpe und der Entlötlitze kann Lötzinn aus einer Schaltung entfernt werden. Versehentliche Kurzschlüsse und überschüssiges Lötzinn können so nachträglich entfernt werden. Eine Pinzette oder kleine Zange hilft, Bauteile in Position zu halten, da man sich sonst an ihnen die Finger verbrennen kann. Nachdem ein Bauteil eingelötet wurde, werden überflüssige Beinchen mit einem Seitenschneider entfernt.

Schritt 1: LED auf Platine platzieren

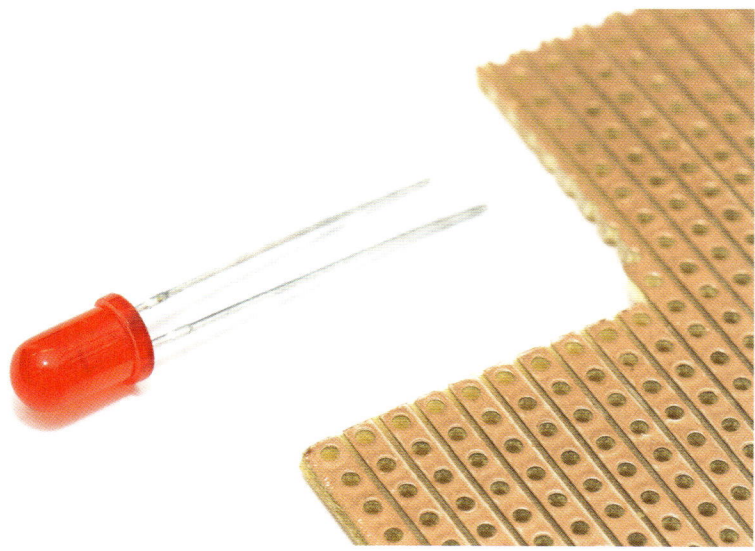

Wir wollen nun eine LED auf eine Platine löten. Die Platine hat dafür vorgesehene Löcher, um die herum ein Kreis aus Kupfer aufgetragen ist. Dieser Kreis wird Pad genannt.

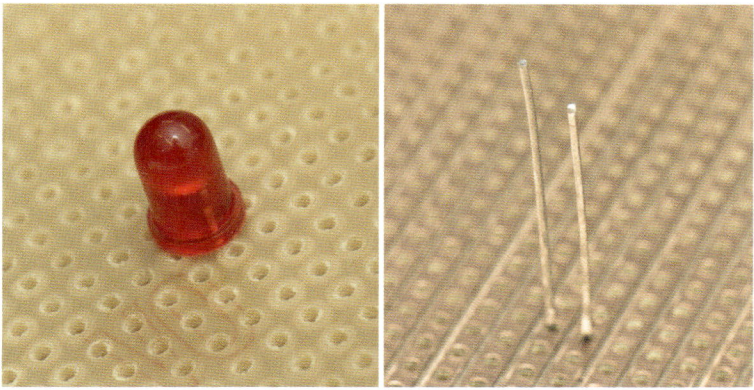

Steck die Beine der LED durch die beiden Löcher auf der Platine. Steck die Beine ganz durch, damit das Gehäuse der LED auf der Platine aufliegt.

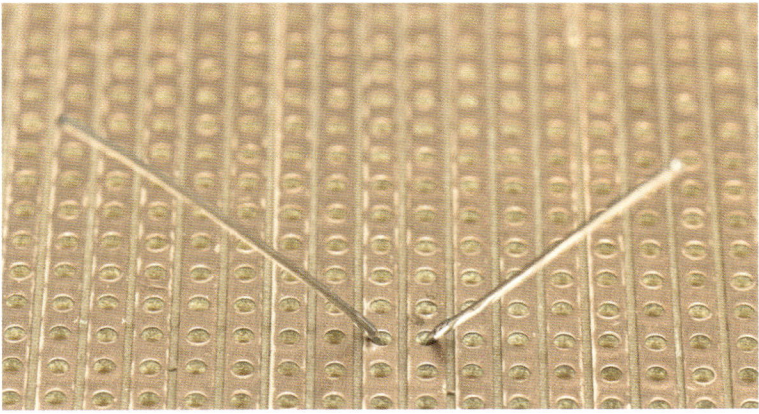

Die Beine sollten dann ein wenig auseinandergebogen werden. Das verhindert, dass das Bauteil aus den Löchern rutscht.

Schritt 2: Lötkolben aufheizen und reinigen

Dazu wird der Lötkolben einige Minuten lang aufgeheizt. Ob der Lötkolben heiß genug ist, erkennt man daran, dass das Lötzinn flüssig wird, wenn man es an die Spitze des Lötkolbens hält. Zunächst muss die heiße Spitze gründlich gereinigt werden. Ein nasser Schwamm ist dazu ideal. Die meisten Lötkolbenhalterungen haben einen solchen eingebaut. Wichtig ist, dass der Schwamm nicht zu nass, aber ausreichend feucht ist. Die heiße Lötkolbenspitze ziehen wir von allen Seiten mehrmals über den feuchten Schwamm. Es zischt und es steigt Wasserdampf auf, aber der Schwamm sollte dabei nicht beschädigt werden. Dreck und Lötzinn von der Spitze bleiben durch diese Prozedur am Schwamm hängen, die Spitze wird gereinigt und ist nun für den eigentlichen Lötvorgang einsatzbereit.

Schritt 3: LED löten

Als Nächstes drehst du die Platine um, so dass der Körper der LED nicht mehr zu sehen ist. Du siehst die leicht gebogenen Beine und lötest das erste Bein an die Platine.

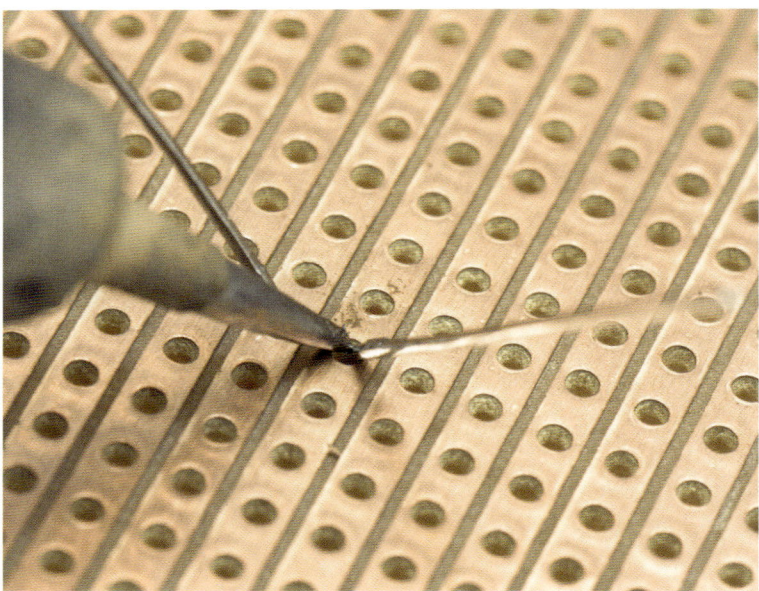

Nun muss die heiße und saubere Lötspitze auf das Pad der Platine gedrückt werden und gleichzeitig ein Bein der LED berühren. Kupferpad und LED werden dadurch gleichzeitig erhitzt.

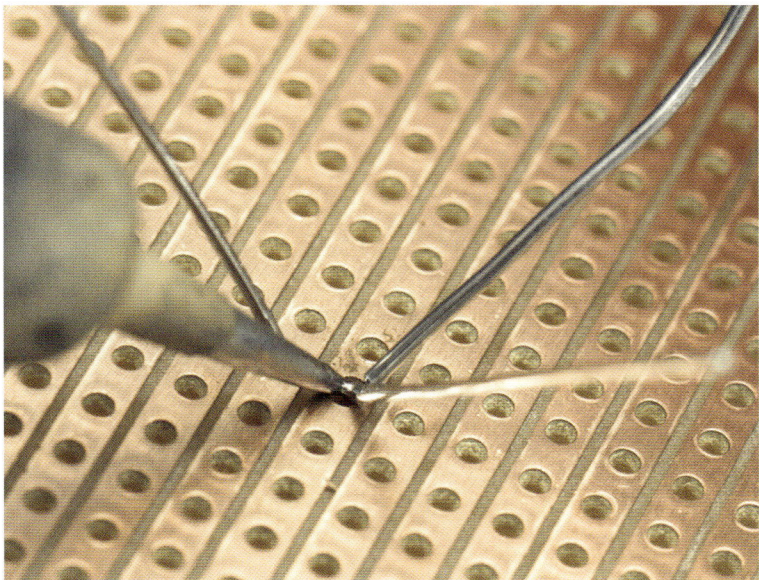

Das Ende des Lötzinns wird nun auf das Pad gelegt, am besten so weit vom Lötkolben entfernt wie möglich. Es dauert eine Weile, bis das Lötzinn schmilzt. Einige Sekunden sind durchaus üblich. Passiert auch nach längerer Zeit nichts, ist der Lötkolben evtl. zu schwach oder das Pad nicht mehr frisch genug. Dann muss das Zinn näher an den Lötkolben heranreichen; das Ergebnis wird dadurch jedoch schlechter. Wenn das Lötzinn flüssig ist, musst du darauf achten, dass nicht zu viel Lötzinn verläuft, rechtzeitig das Ende des Lötzinns vom Pad entfernen und den Lötkolben noch 2 Sekunden auf dem Pad verweilen lassen. So bildet sich eine schöne Lötstelle, die eine wohlgeformte Kugelform besitzt. Entferne dann den Lötkolben und das Lötzinn ist nach wenigen Sekunden fest.

Die LED kann noch sehr heiß sein, also besser nicht anfassen! Eine saubere Lötstelle hat eine schimmernde Oberfläche, sie glänzt. Wurde nicht lange genug erhitzt oder das Lötzinn zu nah am Lötkolben angesetzt, erkennt man zwar eine Lötstelle, allerdings ist sie meist nicht richtig kugelförmig oder glänzt nicht. Diese hässlichen Lötstellen sollten vermieden werden, da sie für einen schlechten Kontakt sprechen. Sie können sich mit der Zeit lösen oder bieten von Anfang an keinen richtigen Kontakt zwischen Platine und LED. Man spricht auch von einer kalten Lötstelle.

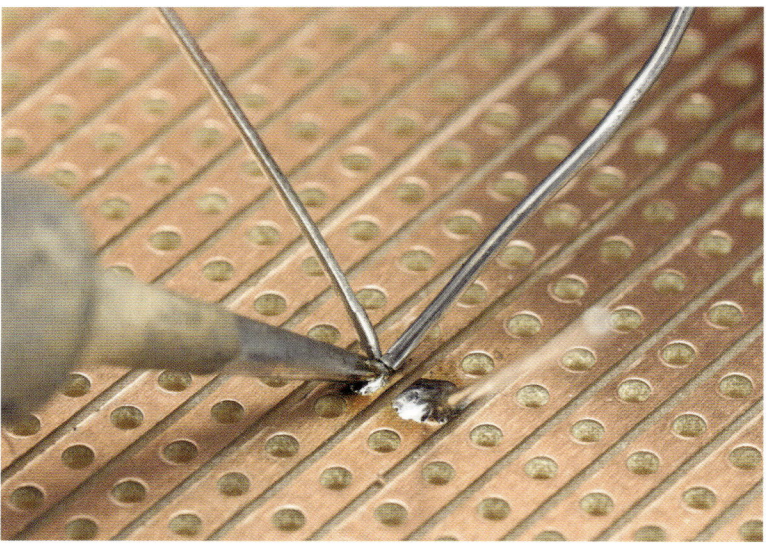

Der Vorgang wird nun für das zweite Beinchen wiederholt. Wichtig ist, dass kein Lötzinn von einem Bein zum anderen Bein läuft.

Am Schluss biegst du die Beine wieder gerade und schneidest sie mit einem Seitenschneider ab. Wichtig ist, dass dabei nicht das

Lötzinn angegriffen wird. Am besten ist es, wenn keine Kraft auf die Lötstelle durch das Werkzeug ausgeübt wird.

Es bietet sich an, die Hand, die den Lötkolben hält, auf dem Tisch abzustützen und bei Bedarf eine Lupe zu verwenden, da es sehr wichtig ist, genau zu sehen, was man mit der kleinen Lötspitze am winzigen Bein der LED macht und ob das Lötzinn sauber verläuft. Gute Beleuchtung ist ebenfalls sehr vorteilhaft. Anfängliches Zittern verschwindet mit der Zeit, wenn man öfter gelötet hat, bekommt man eine ruhige Löthand.

Kabel löten

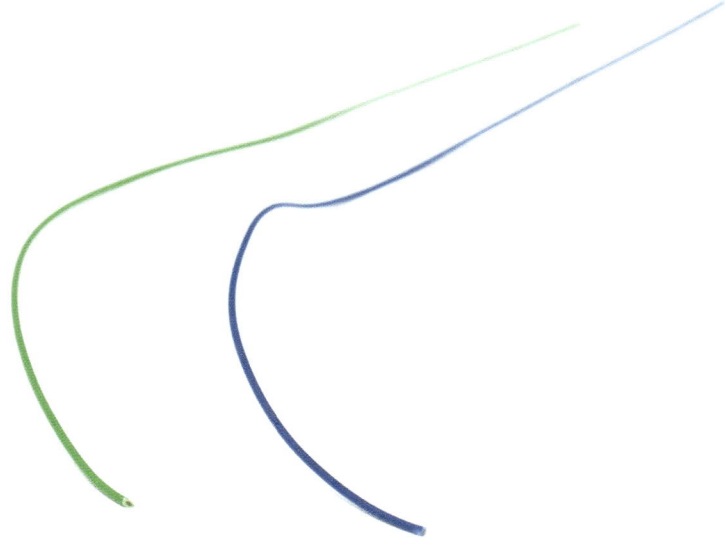

Häufig möchte man zwei Kabel miteinander verlöten oder eine LED an ein Kabel löten. Dafür braucht man eigentlich vier Hände: Zwei Hände halten die Kabel, eine Hand hält das Lötzinn und die vierte Hand hält den Lötkolben. Da die Kabel beim Löten sehr heiß werden, möchte man jedoch keine Freunde fragen, ob sie kurz die Kabel halten können, sondern man sollte geeignete Werkzeuge einsetzen. Entweder klebt man die Kabel mit wenig Klebeband auf ein Stück Pappe oder man verwendet eine sogenannte dritte Hand. Sie hat meistens eine Lupe und zwei Klemmen, die jeweils ein Kabel halten können. Es geht aber auch ohne! Wenn man nicht ganz ungeschickt ist, reichen zwei Hände doch aus, um zwei Kabel miteinander zu verlöten. Das Ergebnis ist meist etwas unsauberer, als wenn man die richtigen Werkzeuge benutzt hätte, aber um auf die Schnelle eine einzige Verbindung zu löten, reicht es meist aus.

Schritt 1: Kabel abisolieren

Mit einer Isolierzange entfernst du den Mantel des Kabels.

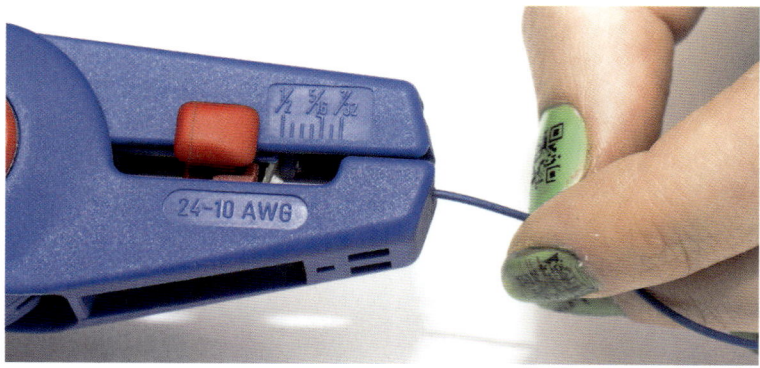

Litze

Litze haben viele kleine Drähte im Innern des Kabels.

Ein guter Trick ist es, das abgetrennte Mantelstück nicht ganz abzuziehen, sondern es an der Spitze stehen zu lassen. Nun nimmst du das lange Stück Kabel in die eine und das abgetrennte Stück in die andere Hand und verdrehst die Litze. Wenn es sich bei dem von dir verwendeten Kabel nicht um Litze handelt, ist dieser Schritt natürlich nicht nötig.

Kapitel 4: Mehr Materialien, mehr Techniken

Nimm das lange Kabelende zwischen Ringfinger und Mittelfinger, etwas Lötzinn zwischen Daumen und Zeigefinger und den Lötkolben sicher in die andere Hand. Erhitze den Leiter mit der Lötkolbenspitze und halte dann das Lötzinn daran.

Wiederhole den Schritt für das andere Kabel.

Schneide die verzinnten Kabelenden mit einem Seitenschneider auf die gleiche Länge.

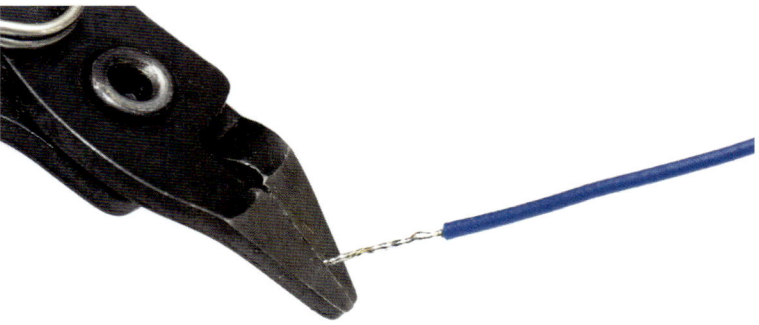

Nun nimmst du das blaue Kabel und hältst es mit Daumen und Zeigefinger. Das grüne Kabel hältst du mit zwei beliebigen Fingern derselben Hand. Vorteilhaft ist, wenn du vor dem Lötvorgang ein Stück Schrumpfschlauch (siehe nächste Seite) über ein Kabelende schiebst. Halte die verzinnten Kabelenden übereinander, so dass sie eine gerade Linie formen. Mit der anderen Hand führst du jetzt den Lötkolben an die Kabelenden und lässt das Lötzinn erneut schmelzen. Entferne den Lötkolben, wenn das Lot flüssig ist und achte darauf, dass die Kabelenden eine gerade Linienform behalten.

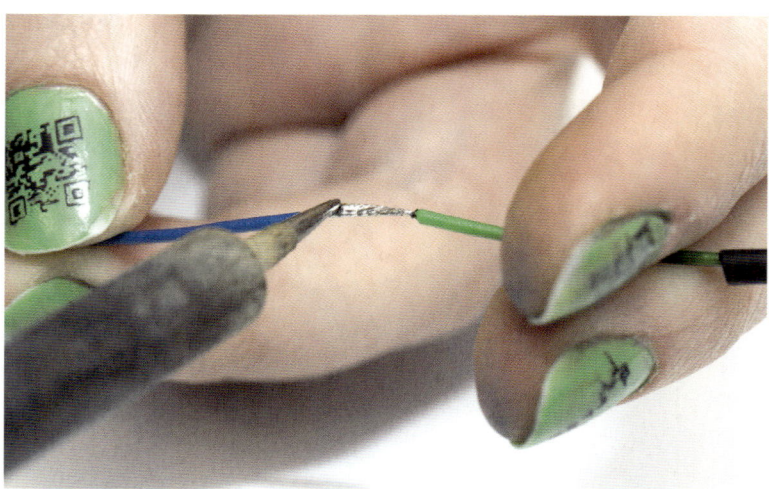

Schrumpfschlauch schrumpfen

Schiebe nun den Schrumpfschlauch über die Lötstelle.

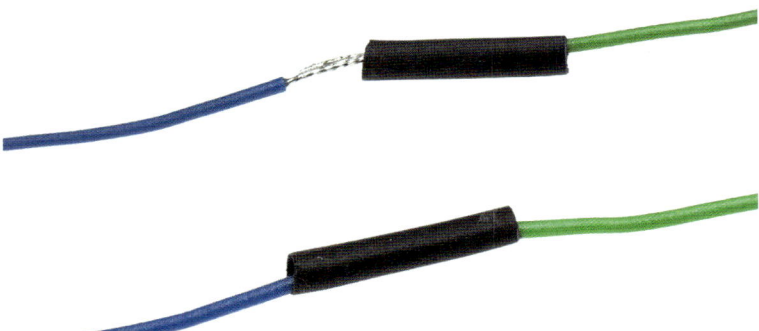

Geh mit dem Lötkolben nah an den Schrumpfschlauch heran, bis er sich zusammenzieht. Berühre ihn jedoch nicht mit der Spitze, sondern nur mit dem breiten Rand. Noch besser ist es, wenn der Lötkolben den Schrumpfschlauch gar nicht berührt. Alternativ kann ein Feuerzeug oder ein Heißluftfön verwendet werden. Da wir aber eh gerade einen Lötkolben in der Hand haben, erfüllt er die kleine Aufgabe ebenso gut. Überprüfe am Schluss, ob die Kabelmäntel auch nicht geschmolzen sind.

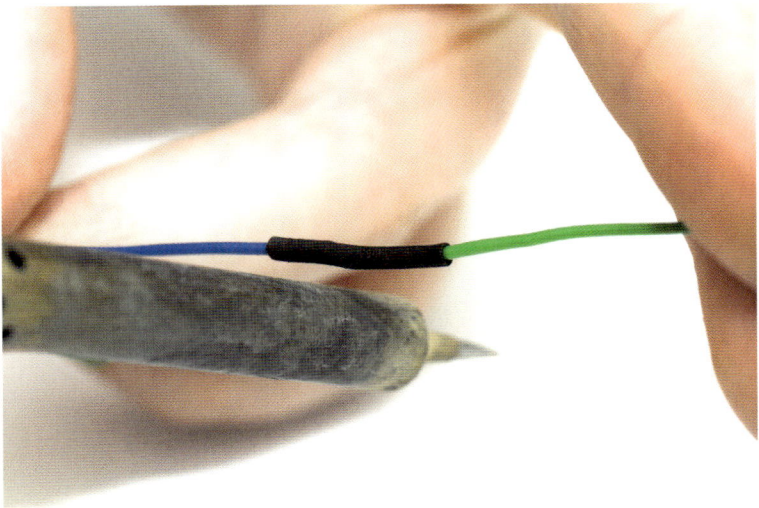

SMD-LED-Sequins selber herstellen

Wer löten kann, muss nicht unbedingt Mikrocontroller und andere elektrische Bauteile miteinander verlöten. Löten kann auch hilfreich sein, um generell metallische Komponenten miteinander zu verbinden. In diesem Abschnitt wirst du eine kleine LED mit zwei Metallperlen verbinden. Dafür benutzt du den Lötkolben.

Du benötigst

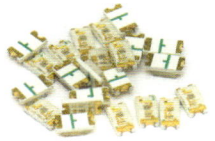  

- SMD-LEDs
- Leitende Metallperlen in den Farben Silber und Bronze/Gold

- Lötkolben und Lötzinn
- Pinzette
- Zahnstocher (viele!)
- Epoxidkleber

Planung

Jede LED soll mit zwei Perlen verbunden werden. Die goldene Perle muss an den Minuspol der LED gelötet werden. Der Minuspol ist bei einer SMD-LED meist mit einem kleinen Punkt auf der Oberseite markiert.

Der Pluspol hat keine Markierung und muss mit der silbernen Perle verlötet werden.

Du kannst die Polarität der LEDs auch mit dem Multimeter feststellen. Der Drehwahlschalter muss dafür auf das Diodensymbol gestellt werden und die beiden Messproben müssen mit den Kontakten der LED verbunden werden. Leuchtet die LED, ist die Seite, an die die rote Messprobe gehalten wird, der Pluspol der LED.

Platziere ein paar LEDs mit etwas Abstand auf einer Holzplatte, mit der leuchtenden (klaren) Seite nach oben. Alle Punkte der LEDs müssen in die gleiche Richtung zeigen. Lege je eine goldene Metallperle an jede Kathode und eine silberne an jede Anode. Zwischen den Perlen und den LEDs sollte ein wenig Abstand bleiben. Die Holzplatte wird bei den folgenden Lötarbeiten ruiniert, ein Reststück ist also ideal!

Schritt 1: Löten

Fange mit einer beliebigen Perle an und erhitze sie, indem du den vorgeheizten Lötkolben mit einer dünnen Lötspitze durch die Öffnung der Perle steckst.

An der Außenseite der Metallperle muss nun das Ende des Lötzinns schmelzen. Es darf kein Lötzinn in die Öffnung der Perle gelangen!

Drücke die LED mit einer Pinzette fest auf die Unterlage und führe die verzinnte LED mit dem Lötkolben in der Öffnung zum Lötpad der LED.

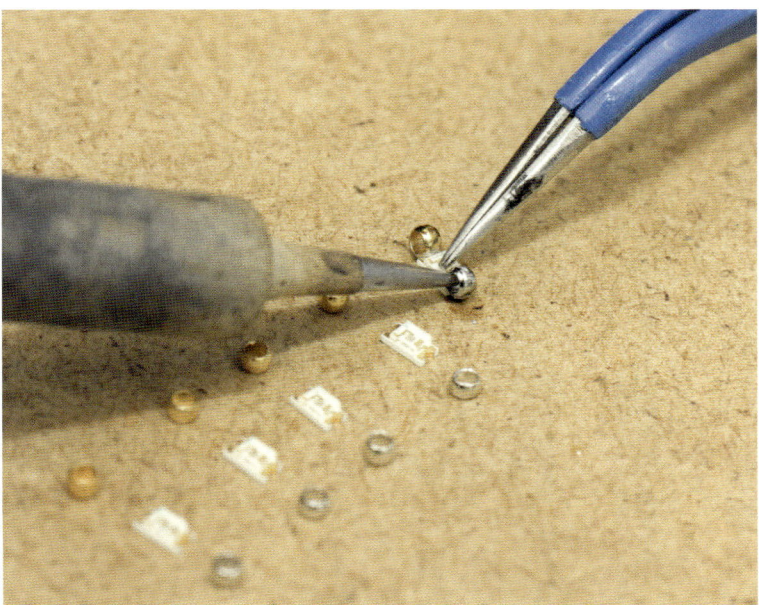

Ziehe den Lötkolben vorsichtig aus der Öffnung, ohne dass sich die Perle dabei zu sehr verdreht. Wiederhole die Lötarbeit für die zweite Perle. Das Ergebnis kann dann wie folgt aussehen, wobei die silberne Metallperle besser etwas gerader festgelötet werden sollte, da dies sonst eventuell später zu Problemen führen könnte.

Schritt 2: Kleben

Die Lötstellen sind nicht ideal und können leicht abbrechen. Um das zu verhindern, kleben wir alles mit etwas Epoxidkleber fest. Je nach Kleber sorgt dies außerdem dafür, dass das Licht der LED diffus wird und man nicht mehr direkt einen Sehschaden erleidet, wenn man in das Licht der LED schaut.

Nimm den Epoxidkleber und gib zwei gleich große Tropfen auf ein Stück Folie. Kopierfolie für Drucker eignet sich besonders gut!

Mit einem Zahnstocher musst du die beiden Tropfen gründlich verrühren. Anfänger sollten dazu Handschuhe tragen, aber auch Profis ziehen für diesen Schritt nicht ihre beste Kleidung an. Am Ende ist der Kleber überall!

Leg die gelöteten LEDs mit der Leuchtseite nach oben auf die Kopierfolie (auf dem Holzbrett geht das nicht, da der Kleber zu stark am Holz haftet!) und suche die erste LED aus, die mit Kleber fixiert werden soll.

Mit einem sauberen Zahnstocher hältst du die LED fest, indem du durch eine Perle stichst und die LED so auf die Folie drückst. Epoxidkleber auf einem zweiten Zahnstocher wird nun vorsichtig auf die LED aufgebracht. Der Kleber sollte sowohl die LED als auch die Oberseiten der Perlen bedecken.

SMD-LED-Sequins selber herstellen

Wichtig ist, dass kein Material in die Öffnungen der Perlen eintritt. Zu viel Kleber ist auch nicht sinnvoll, da er noch verlaufen kann.

Alles auf der Folie mindestens 12 Stunden trocknen lassen, fertig!

Elektrolumineszenz (EL-Wire)

EL-Wire leuchtet, wenn man eine elektrische Spannung anlegt. Allerdings kommt man mit der kleinen Gleichspannung, die eine Batterie liefert, nicht weit. Es ist eine Wechselspannung nötig, die ein sog. Inverter erzeugt. In der EL-Schnur sind fluoreszierende Pigmente enthalten, die durch die Wechselspannung angeregt werden. Die Wechselspannung wird in Licht umgewandelt. Dabei wird kaum Wärme erzeugt, weswegen man es auch als »Kaltlicht« bezeichnet. Das ist für eFashion-Projekte ein großer Vorteil, da die EL-Schnur nicht heiß wird! Allerdings ist die Frequenz der Wechselspannung zwischen 400 und 2000 Hz hörbar. Der Inverter erzeugt einen Pfeifton, den man kaum vermeiden kann. Die EL-Schnur kann gedimmt werden und ist sehr biegsam. Sie sollte jedoch nicht geknickt werden, ein minimaler Radius von 10 mm ist empfehlenswert. Die EL-Schnur kann in Reihe geschaltet werden (mehrere Stücke hintereinander) oder als Parallelschaltung (als Stern).

In der Regel wird das Material ohne Stecker und Kabel geliefert. Gegen einen geringen Aufpreis bieten die meisten Shops einen Zuschnitt an und löten direkt den passenden Stecker an ein Ende der EL-Schnur. Es ist aber sehr hilfreich, wenn man weiß, wie die Stecker angeschlossen werden, da man die Schnur vielleicht einmal auf eine andere Länge kürzen oder das Geld für den Zuschnitt bei der nächsten Bestellung sparen möchte.

Du benötigst

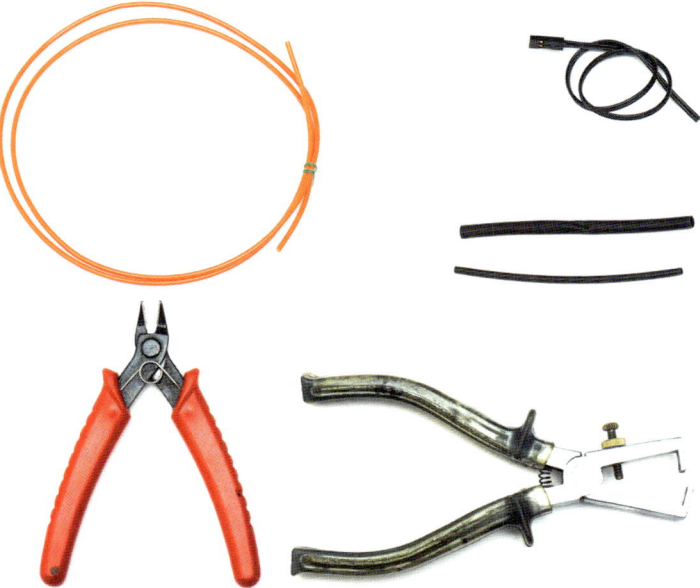

- EL-Schnur (Bezugsquelle: www.el-light.de)
- Zweipoliges Kabel mit Stecker
- Schrumpfschlauch
- Werkzeug:
  Seitenschneider, Abisolierzange, Lötkolben, Lötzinn

Planung

Das zweipolige Kabel mit dem Stecker muss an die EL-Schnur gelötet werden. Dazu müssen zunächst die Elektroden der EL-Schnur freigelegt werden. Es gibt eine Elektrode in der Mitte der Schnur und zwei dünne außerhalb. Geschützt wird das alles durch eine

Hülle, die in verschiedenen Farben erhältlich ist. In diesem Beispiel ist die Hülle rot.

Schritt 1: Hülle entfernen

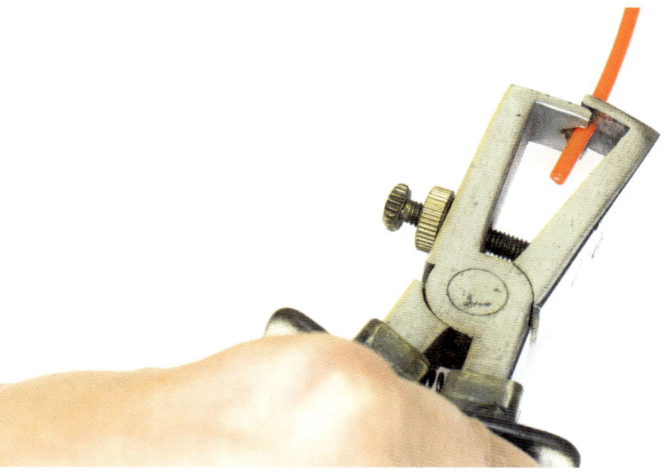

Mit der Abisolierzange kannst du die Hülle sehr leicht abziehen. Die Stellschraube sollte dabei recht großzügig eingestellt werden, damit nur die Hülle abgetrennt wird und nichts anderes. Alternativ kannst du auch ein Messer verwenden.

Schritt 2: Elektroden freilegen

Unter der roten Hülle ist bei manchen EL-Schnüren eine weitere Schutzhülle aus transparentem Kunststoff. Sie muss ebenfalls entfernt werden.

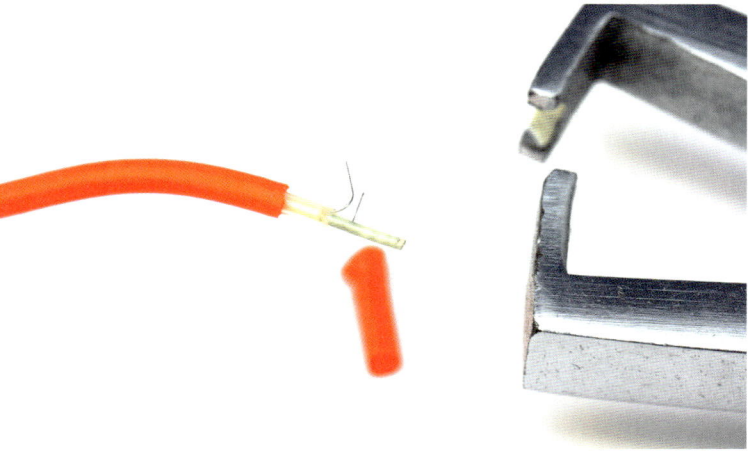

Zwei sehr dünne Drähte kommen zum Vorschein. Stelle sicher, dass sie nicht angeschnitten sind. Falls einer (oder beide) nicht mehr in Ordnung ist, musst du leider von vorne anfangen.

Drehe die beiden dünnen Drähte vorsichtig zusammen und klappe sie nach hinten, über die Schutzhülle hinweg.

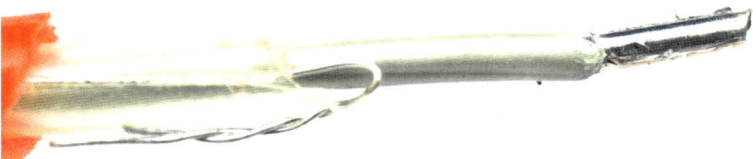

Als Letztes musst du die weiße Isolationsschicht entfernen. Dafür eignet sich ein Messer am besten. Kratze das poröse Pulver ab und der innere Draht kommt zum Vorschein.

Schritt 2: Elektroden verzinnen

Bevor du nun das Kabel an die beiden Elektroden lötest, solltest du sie verzinnen. Zu viel Lot und zu viel Hitze sind dabei nicht gut, aber dieser Schritt lohnt sich!

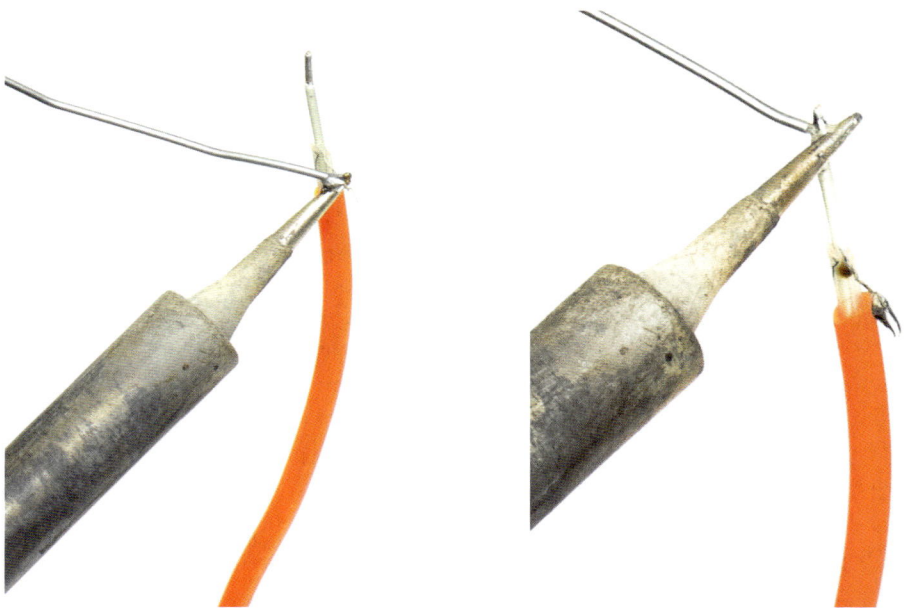

Schritt 3: Elektroden löten

Jetzt muss das Kabel zurechtgeschnitten werden. Die dünne Elektrode ist ja nach hinten über die Schutzhülle weggeklappt. Ein Kabel muss dort enden, das andere Kabel muss am inneren Leiter enden. Schneide ein Kabel entsprechend mit dem Seitenschneider ab und verzinne die Kabelenden mit etwas Lötzinn.

Jetzt ist es soweit: Die eigentliche Lötarbeit kann beginnen. Es ist sehr hilfreich, wenn du eine dritte Hand hast. Das ist ein Werkzeug, das Dinge hält und meist auch eine Lupe hat. Aber Vorsicht: Billige Werkzeuge beschädigen die Kabel. Es geht auch ohne dritte Hand. Dann muss man aber etwas geduldig sein und das Ergebnis wird meist etwas schlechter. Die folgenden Bilder zeigen die Arbeit ohne dritte Hand. Löte zuerst die dicke Elektrode an das kurze Kabel.

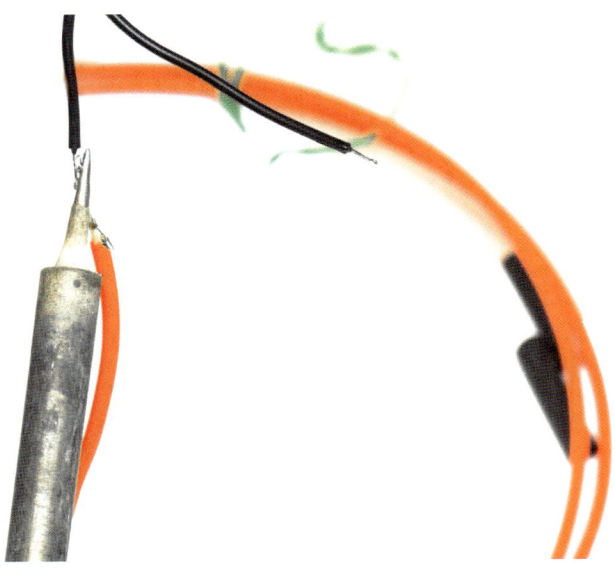

Das lange Kabel gehört an die dünne Elektrode.

Das Ergebnis sollte so oder besser aussehen:

Beachte, dass die dünne Elektrode nur für das Foto so weit wegge-klappt wurde. Bei dir sollte das ganze so nah an der Hülle liegen wie möglich. Wichtig ist außerdem, dass nur die Spitze der dicken Elektrode von der Pulverschicht befreit wurde. Es muss sicherge-stellt sein, dass die beiden Elektroden keinen Kontakt haben! Prüfe das mit dem Multimeter, indem du es auf den Durchgangsprüfer stellst und dann jeweils eine Messprobe an eine Lötstelle hältst.

Wenn es piepst, musst du nachbessern, denn dann existiert ein Kurzschluss.

Schritt 4: Isolieren

Schiebe zwei Stücke Schrumpfschlauch über das andere Ende der EL-Schnur. Über den Stecker darf der Isolierschlauch nicht passen. Wähle einen Durchmesser, der minimal größer ist als die EL-Schnur, und einen, der wiederum eine Nummer größer ist. Beginne mit dem kleineren Schlauch. Schieb ihn über die dünne Elektrode.

Tipp

Wenn du keinen Schrumpf-schlauch hast, kannst du auch Isolierband verwenden. Das hält nicht so lange und ist nicht so sicher, muss aber nicht so aufwändig verarbei-tet (erhitzt) werden.

Mit dem Lötkolben oder einem Fön musst du nun den Schlauch erhitzen, damit er sich zusammenzieht. Nimm dafür nicht die Löt-spitze, sondern das dickere Metall des Lötkolbens. Das Erhitzen funktioniert auch mit einem Feuerzeug recht gut.

So sollte es aussehen, wobei nur wichtig ist, dass der Schrumpf-schlauch nicht verrutscht und dass er die gesamte dünne Elektrode bedeckt:

Als Letztes muss der dickere Schlauch über den kleineren geschoben werden und dabei die große Elektrode vollständig bedecken. Mit ausreichend Hitze wird nun der Schlauch geschrumpft.

Das Ergebnis sollte mindestens so aussehen, wobei man sich mehr Mühe geben sollte, wenn die Verbindungsstücke auf der Kleidung sichtbar sein sollen. Es gibt Schrumpfschlauch in vielen Farben, und wer möchte, kann zusätzlich eine Stoffschicht um die Stelle nähen.

Fertig! Das andere Ende der EL-Schnur sollte mit einer Endkappe oder mit einem Tropfen Heißkleber gegen Feuchtigkeit geschützt werden.

Fabrickit

Fabrickit ist ein Toolkit mit vielen nützlichen Komponenten für eFashion-Projekte. Besonders interessant sind die Verbindungsstücke dieses Systems. Es gibt Druckknöpfe und Gewebeband mit drei elektrischen Leitern. So können bis zu drei Signale verbunden werden und die Verbindung bei Bedarf auch wieder gelöst werden. Das Gewebeband wird dabei einfach an die Verbindungsstücke gelötet. Das Band kann auch genäht und sogar gewaschen werden.

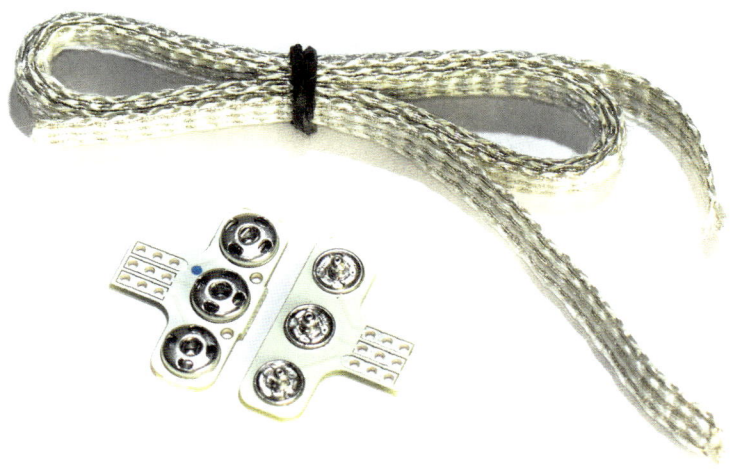

Es handelt sich um ein Open-Source-Projekt, das unter anderem von Sparkfun vertrieben wird. Die Layouts der einzelnen Komponenten liegen unter einer Creative-Commons-Lizenz vor. Neben den Druckknöpfen und dem Gewebeband gibt es noch weitere Bausteine: einen Baustein mit einem Akku und die x-LED bricks, auf die man LEDs löten kann. Es gibt auch x-LED bricks, die bereits mit einer LED bestückt ausgeliefert werden.

Mehr Informationen zu Fabrickit findet man auf der Homepage:

http://www.fabrick.it/

Wir wollen uns nun kurz anschauen, wie man das Gewebeband an die Bausteine lötet.

Schritt 1: Gewebeband konfektionieren

Schneide das Gewebeband in die passende Länge. Dabei fransen die Enden stark aus. Mit dem erhitzten Lötkolben kannst du die Enden etwas anschmelzen.

Schritt 2: Gewebeband auf die Pads der Bausteine löten

Erhitze ein Pad des Bausteins und lass etwas Lötzinn darauf zerfließen.

Lege nun das Gewebeband auf die Pads, sodass alle drei Bahnen auf jeweils einer Leiterbahn liegen. Das Band sollte wirklich gerade auf der Platine aufliegen. Löte mit reichlich Lötzinn einen Leiter nach dem anderen fest.

Stell dabei sicher, dass das Lötzinn nicht zwischen zwei benachbarten Pads verläuft. Fahre mit der Lötkolbenspitze zwischen den Bahnen entlang, sodass das Polyester des Gewebebands schmilzt. So kannst du leichter sehen, ob das Lötzinn zwei Bahnen verbindet.

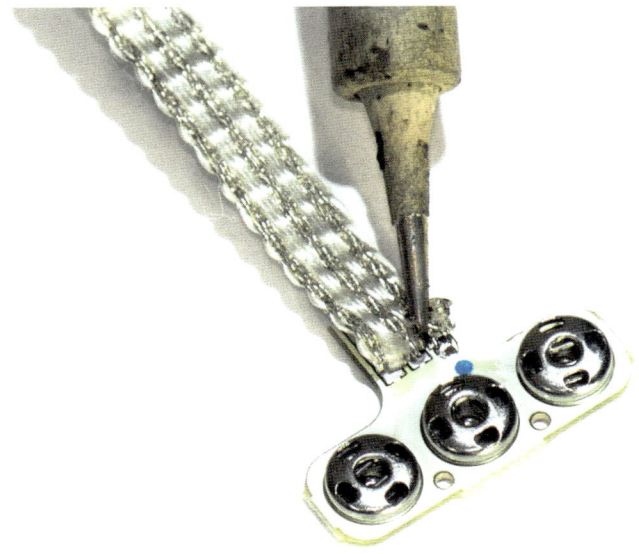

Das Lötergebnis muss nicht besonders schön aussehen. Viel wichtiger ist, dass es keine Kontakte zwischen den Knöpfen gibt. Um ganz sicher zu sein, musst du das Multimeter verwenden und einen Durchgangstest durchführen. Es darf nicht piepsen, wenn du zwei Knöpfe mit jeweils einer Spitze des Multimeters berührst.

Die andere Seite des Druckknopfs lötest du einfach genau so. Falls du eine Versorgungsspannung über diese Verbindung bereitstellen möchtest, probiere, den Pluspol auf den mittleren Knopf zu legen. So kannst du die drei Knöpfe nicht trivial verpolen, falls du sie versehentlich falsch herum zusammensteckst.

Bare Paint

Eigentlich eine tolle Idee: Anstatt zu nähen oder zu löten, malt man einfach mit leitender Farbe seine Schaltungen auf Papier oder Stoff. Mit Bare Paint von *http://www.bareconductive.com/* kann man genau das machen! Sie bieten sogar eine Farbe an, die man auf die Haut auftragen kann. So kannst du deine Schaltungen direkt auf den Körper malen und hast quasi ein »elektrisches Tattoo«. Wir gucken uns nun jedoch die normale Farbe an, die weder für den Einsatz auf der Haut, noch für Textilien optimiert wurde. Diese Farbe ist wasserlöslich und deswegen nur bedingt für textile Projekte geeignet. Es gibt allerdings Projekte, die eine weitere Schicht nicht-wasserlöslicher Farbe über Bare Paint auftragen, um so ein Auswaschen aus der Kleidung zu vermeiden.

Kapitel 4: Mehr Materialien, mehr Techniken

Wenn du den Deckel öffnest, siehst du die tiefschwarze, dicke Farbe. Sie läuft nicht so schnell aus, wenn du den Topf auf den Kopf stellst. Das ist gut, falls du beim Basteln mal versehentlich den Farbtopf umwirfst. Je nach Pinsel bietet es sich an, etwas Farbe in ein wasserdichtes Behältnis zu geben und darin mit etwas Wasser zu verdünnen. So lässt sich die Farbe dünner auftragen. Denke aber daran, dass dünne Schichten nicht unbedingt hilfreich sind, da die elektrische Leitfähigkeit umso besser ist, je dicker die Farbschicht ist.

In einem kleinen Experiment wollen wir nun eine LED mit einer Knopfzelle verbinden, und benutzen für die elektrische Verbindung nur Bare Paint.

Schritt 1: Fläche bemalen

Nimm einen Pinsel oder ein anderes Werkzeug, mit dem du die Farbe flächig auf ein Stück Papier auftragen kannst. Sei ruhig großzügig und spare nicht mit Farbe.

> **Tipp**
>
> Der elektrische Widerstand der Farbe ist sehr groß! Versuch möglichst breite und sehr kurze Verbindungen zu malen, da der Widerstand dadurch etwas geringer wird. Für lange, schmale Verbindungen eignet sich die Farbe nicht wirklich.

Schritt 2: Knopfzelle kleben

Lass die Farbe nur leicht antrocknen und lege dann eine Knopfzelle mit dem Pluspol nach unten auf die Farbschicht.

Schritt 3: LED kleben

Außerdem brauchst du eine LED. Biege ihre Beine leicht nach außen. Stell sie mit dem kurzen Bein auf den Minuspol der Batterie, ohne dabei den Rand der Batterie zu berühren. Das andere Bein stellst du auf die große Farbschicht. Nimm ordentlich Farbe und streiche die Beine der LED damit ein. Die Farbe wirkt wie ein Kleber. Falls die LED umfällt, musst du sie noch eine Weile festhalten, bis die Farbe getrocknet ist.

Auch das Bein auf der Batterie wird natürlich reichlich mit Farbe zugekleistert. Versuch dabei so mittig wie möglich zu arbeiten und stell sicher, dass das Bein direkten Kontakt mit der Batterie hat und die Farbe nur von oben und von der Seite diese Verbindung fixiert.

Die LED sollte jetzt schon leuchten. Vor allem, wenn die Farbe trocken ist, hält alles ganz wunderbar. Schneide mit einer Schere das Papierstück zurecht, dann sieht die Arbeit sauberer aus.

Die Nähmaschine: Grundlagen

Leitendes Garn in der Nähmaschine

Die meisten leitenden Garne lassen sich schlecht mit einer Nähmaschine verarbeiten. Oft reißen sie, wenn man sie als Oberfaden benutzt, sodass man leitendes Garn nur als Unterfaden verwenden kann. Geeignetes Material gibt es direkt auf einem Spülchen zu kaufen. Wenn der Unterfaden nicht durch das Material nach oben gezogen wird, kannst du doppelseitige Schaltungen auf Textilien herstellen. Diesen Trick wenden wir in Kapitel 7 beim leuchtenden Rock an. Grundsätzlich ist es aber immer sicherer, nur auf einer Seite leitendes Garn zu verwenden.

Eine Nähmaschine kann überall eingesetzt werden, wo lange Bahnen genäht werden müssen oder wo viele Stiche nötig sind. Natürlich kann man mit einer Nähmaschine noch viel mehr Dinge machen, aber wer eine solche Maschine besitzt, hat sich mit den Möglichkeiten sicher bereits auseinander gesetzt. Wer keine Nähmaschine hat und nach einem Einsteigergerät sucht, kann eigentlich nicht viel falsch machen, wenn mindestens 100 Euro ausgegeben werden. Wer ein schickes Gerät nutzen möchte, muss allerdings 200 Euro oder mehr investieren. Es gibt viele Bücher, die in das Maschinennähen einführen und dir auch helfen, das richtige Gerät zu finden.

In diesem Abschnitt lernst du nun ganz knapp die Bascis, damit du mit fast jeder Nähmaschine starten kannst. Es ist allerdings unmöglich, eine Anleitung für alle erhältlichen Geräte zu schreiben, da jeder Hersteller seine Besonderheiten hat. Wer noch nie mit einer Nähmaschine gearbeitet hat, kann sich hier ein Bild davon machen, was zu tun ist, um eine Nähmaschine einzufädeln. Das sieht übrigens schwieriger aus, als es ist!

Der Oberfaden

Bei einer Nähmaschine unterscheidet man zwischen zwei Fäden: Oberfaden und Unterfaden. Der Oberfaden wird, wie der Name schon sagt, von oben durch den Stoff geführt. Der Unterfaden hingegen verbleibt in der Regel unter dem Stoff. Viele Nähmaschinen haben zwei Spulenträgerstifte, die Spulen mit Garn aufnehmen können.

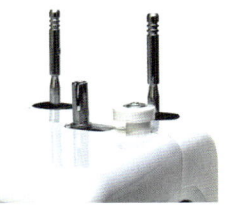

Stecke eine Spule auf den äußeren Spulenträgerstift. Je nach Maschinentyp kannst du das Garn durch ein Loch im zweiten Stift führen.

Schwungrad

Um den Oberfaden einzufädeln, musst du das Schwungrad gegen den Uhrzeigersinn drehen, bis die Nadel am höchsten Punkt steht. Hebe zusätzlich den Nähfuß an.

Als Erstes musst du den Faden unter der Fadenführung (das ist ein kleiner Haken oben auf der Nähmaschine) durchziehen. Links neben der Fadenführung befindet sich ein vertikaler Schlitz. Führe den Faden durch diesen Schlitz nach unten und an dem zweiten Schlitz (links daneben) wieder nach oben, bis zum Fadengeber. Der Fadengeber ist ein Metallteil, das sich bewegt, sobald du am Schwungrad drehst. Führe den Faden von rechts nach links durch den Fadengeber, sodass er sicher in der Öse des Fadengebers sitzt. Ziehe den Faden nun durch den Schlitz wieder nach unten. Er kommt in der Nähe der Nadel heraus. Über der Nadel gibt es einen kleinen Haken – die untere Fadenführung. Führe den Faden durch sie hindurch. Links von der Nadel ist eine kleine Klammer, durch die nun der Faden von vorne gesteckt wird. Als Letztes muss der Faden noch von vorne nach hinten durch die Nadel eingefädelt werden. Fertig!

Folgendes Bild visualisiert den Fadenverlauf und zeigt die wesentlichen Wegpunkte.

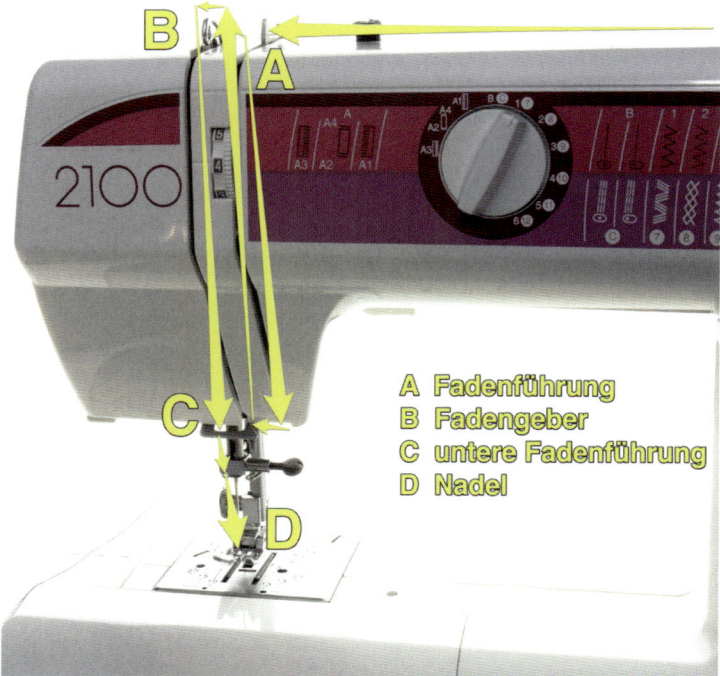

A **Fadenführung**
B **Fadengeber**
C **untere Fadenführung**
D **Nadel**

Der Unterfaden

Unter der Nadel versteckt sich eine kleine Spule – das Spülchen (engl. bobbin) – mit dem Unterfaden. Dieser wird von der Nadel und dem Oberfaden bei jedem Stich gegriffen und nach oben gezogen. Durch diese Technik hält die Naht einer Nähmaschine zusammen. Eigentlich handelt es sich um eine Art Knoten, bei dem der Oberfaden von oben durch den Stoff gestochen wird, um dann auf der Unterseite eine Schlaufe des Unterfadens aufzunehmen und wieder nach oben durch den Stoff durchzunähen. Der Unterfaden gelangt dabei nicht auf die Oberseite. Er durchsticht den Stoff nicht.

Um an den Unterfaden zu gelangen, entfernst du den Nähtisch und öffnest den Greiferdeckel (die Klappe unten). Gegebenenfalls musst du die Nadel nach oben drehen (mit dem Schwungrad). Ziehe an dem Kipphebel, um die Spülchenkapsel herauszunehmen. Das ist die Metallhülle, in der das Spülchen sitzt.

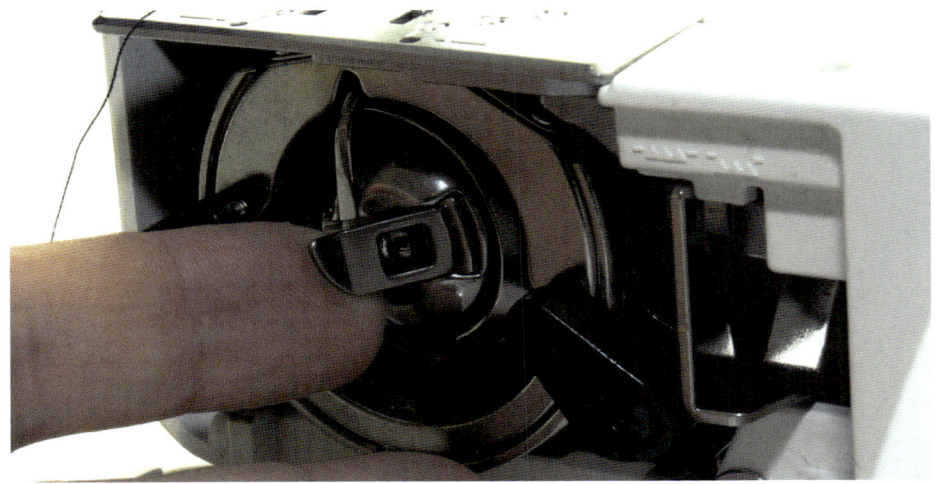

Wenn du den Hebel los lässt, fällt das Spülchen aus der Spülchenkapsel heraus. In die leere Kapsel legst du nun ein neues Spülchen ein. Das kann normales Garn oder leitendes Garn sein. Wenn du an dem Garn ziehst, muss sich das Spülchen gegen den Uhrzeigersinn drehen.

Führe das Garn nun durch den kleinen Schlitz.

Bewege den Faden vorsichtig von links nach rechts unter der Spannfeder hindurch in die Öffnung.

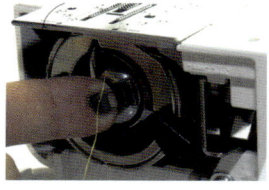

Ziehe etwa 15cm Faden heraus. Das Spülchen sitzt jetzt ideal in der Spülchenkapsel, und du kannst diese wieder in die Nähmaschine einsetzen. Dazu den Hebel ziehen und beim Einsetzen darauf achten, dass der Vorsprung der Kapsel in die Aussparung der Greiferbahn passt.

Der Hebel kann nun losgelassen werden, und die Spülchenkapsel sollte sicher halten. Du kannst den Greiferdeckel schließen, solltest den Faden allerdings nach außen legen, damit du ihn in der Hand halten kannst.

Den Unterfaden heraufziehen

Der Nähfuß muss angehoben sein, und du hältst den Oberfaden locker in der linken Hand. Dreh so lange am Schwungrad, bis die Nadel in der Maschine versinkt und wieder nach oben kommt. Lasse sie dann in der höchsten Position stehen. Gemeinsam mit der Nadel sollte der Oberfaden und die Schlaufe das Unterfadens nach oben gekommen sein.

Kapitel 4: Mehr Materialien, mehr Techniken

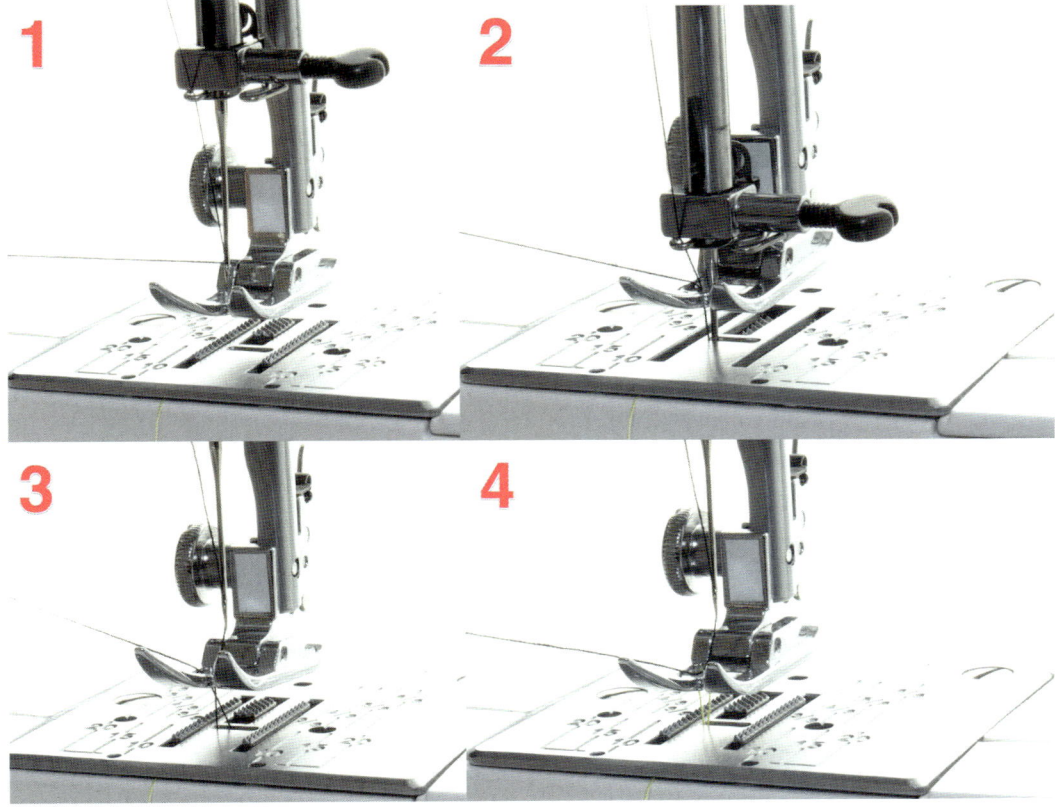

Ziehe etwa 10cm von beiden Fäden nach hinten weg. Du kannst den Nähfuß nun wieder absenken. Die Nähmaschine ist jetzt einsatzbereit.

Zusammenfassung

Du kannst jetzt Epoxidkleber anrühren und damit LED Sequins herstellen. Merke dir auch den Trick mit den unterschiedlichen Perlen, damit die Polarität der LEDs auf einen Blick klar ist. Verbindungen mit Fabrickit oder BarePaint können eine interessante Alternative zu leitendem Garn darstellen. Manchmal wirst du aber auch Kabel einsetzen müssen, und nun weißt du, wie man diese zusammen lötet und Elektrokomponenten auf eine Platine lötet. Isolierband und Schrumpfschlauch sind dabei besonders wichtig, um unerwünschte Kontakte zu vermeiden. Vor allem bei EL-Wire ist das sehr wichtig, da hier mit etwas höherer Spannung gearbeitet wird. Weißt du noch, wie man EL-Schnur konfektioniert? Du kennst dich ja jetzt auch schon mit leitenden und nicht-leitenden Textilien aus – was ist die besondere Eigenschaft von Velostat? Du hast gesehen, wie man den Ober- und Unterfaden in eine Nähmaschine einfädelt und weißt, dass nicht jedes leitende Garn für Nähmaschinen geeignet ist.

Im nächsten Kapitel werden wir verschiedene Materialien kombinieren. Es ist möglich, textile Sensoren selbst zu bauen. In den folgenden Projekten wirst du textile Knöpfe und Taster herstellen, Reißverschlüsse zu Sensoren umfunktionieren und Drucksensoren mit Velostat bauen. Am Ende wird ein Tiltsensor mit Perlen vorgestellt und die Anleitung für einen Biegesensor gegeben. Die Sensoren kannst du an einen Mikrocontroller anschließen und somit interaktive Kleidung herstellen. Wichtig dabei ist, dass du die Eigenschaften der vorgestellten Materialien im Kopf hast, damit du die Funktionsweise der Sensoren im nächsten Kapitel auf Anhieb verstehst. Das Tolle an textilen Sensoren ist, dass man sie eigentlich nicht kaufen kann und sie immer massgeschneidert für ein Projekt hergestellt werden können. Variiere die einzelnen Bauteile in Größe und Form und passe die Sensoren an deine Bedürfnisse an. Man kann nur wenig falsch machen. Wenn du alle Materialien aus diesem Kapitel bereits gekauft hast, wirst du damit alle Sensoren im nächsten Kapitel bauen können. Und das Beste: Sensoren sind schnell fertig und machen eine Menge Spaß!

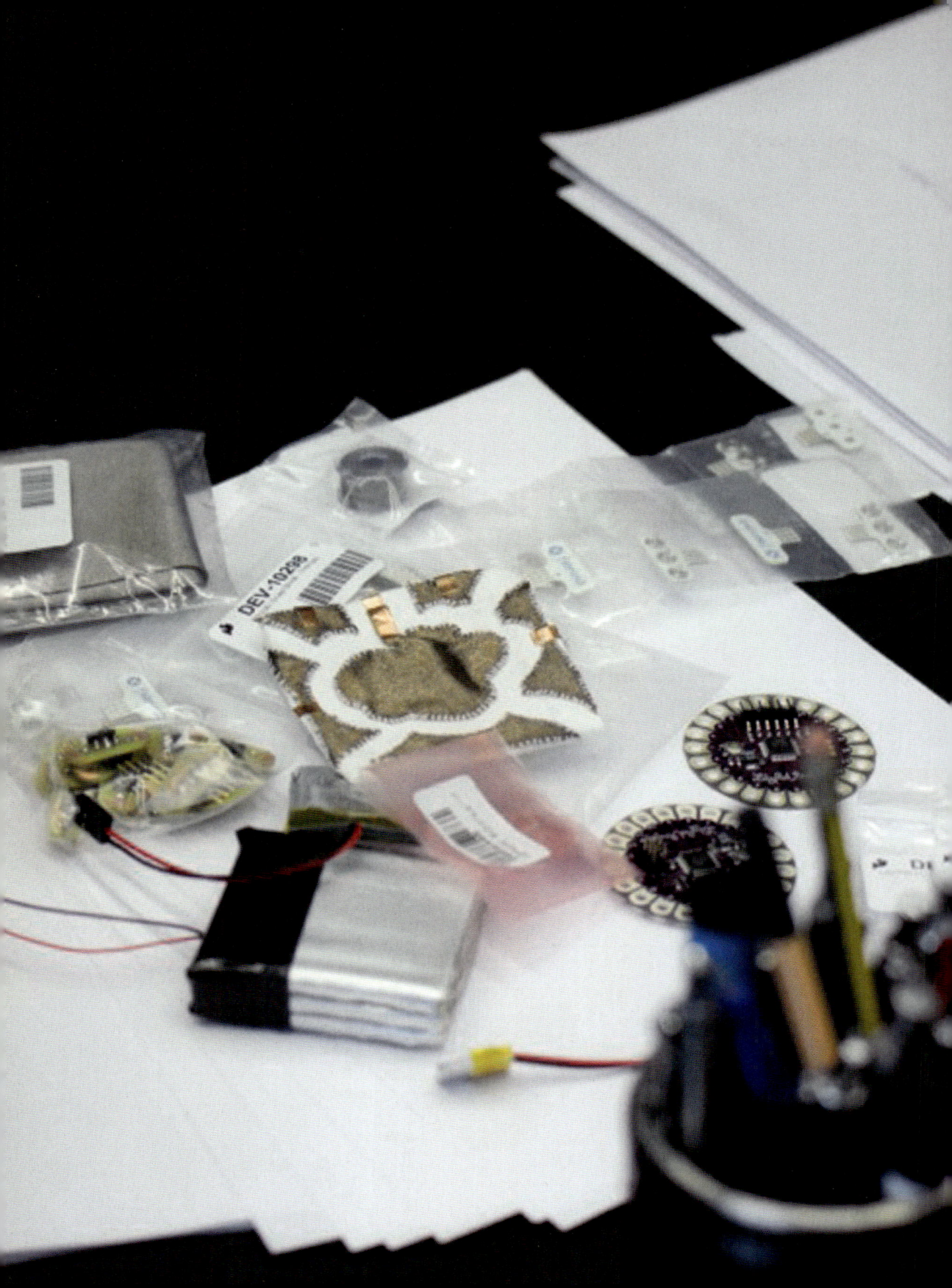

Textile Sensoren

5

Sensoren schließt man an die Eingänge eines Mikrocontrollers an. Ihre Werte können dann entweder digital oder analog ausgelesen werden. Fertige Sensoren wurden bereits in Kapitel 2 und 3 verwendet, wie z.B. der Lichtsensor oder der Temperatursensor. In diesem Kapitel sollen *einfache Sensoren aus Textilien* hergestellt werden, die entweder vorhandene Elemente wie Knöpfe oder Reißverschlüsse verwenden, oder vollständig selbst gebaut werden. Gegenüber den fertigen Sensoren haben sie den Vorteil, dass sie fast unsichtbar in Kleidung integriert werden können, wenn sie aus dem selben Stoff hergestellt werden. Außerdem sind sie weicher und angenehm zu tragen. Der größte Vorteil ist aber, dass man sie selber näht und dabei eine Menge Spaß hat.

Im vorherigen Kapitel hast du unterschiedliche Materialien, wie leitende und nicht leitende Textilien, Velostat, BarePaint, usw. kennen gelernt. Kombiniert man verschiedene Materialien, können daraus interessante Sensoren entstehen. Wenn zwei Schichten aus leitendem Gewebe durch eine nicht leitende Schicht getrennt werden, in welcher ein paar Löcher sind, dann entsteht daraus ein Knopf, der genau dann leitet, wenn man alle Schichten fest zusammen drückt. Kommt noch eine Schicht Velostat mit ins Spiel, so kann der Sensor feststellen, wie fest die Schichten zusammen gedrückt werden. Der Sensor könnte auch gebogen werden, dann ist Neopren eine gute Wahl. Das ist so leicht wie es klingt. Die Schritt-für-Schritt Anleitungen sollen die Konzepte vermitteln, du kannst aber leicht die Formen ändern, um sie für deine eigenen Projekte passend zu gestalten.

Viele der hier gezeigten Sensoren gehen auf die Arbeiten von Leah Buechley, Lynne Bruning, Hannah Perner-Wilson und Mika Satomi zurück. Designs, für die es eine gute Anleitungen im Internet gibt, sind gesondert gekennzeichnet.

Knöpfe

Es gibt viele Arten von Knöpfen. Sie verbinden zwei Textilien miteinander und werden meist als Verschluss eingesetzt. Das können z.B. Druckknöpfe oder Jeans-Knöpfe sein. Da zwei Stofflagen mechanisch gegeneinandergedrückt werden, bietet es sich an, auf den Stoff ein wenig leitendes Material aufzunähen, so dass elektrischer Strom fließen kann, wenn der Knopf geschlossen ist. Er kann somit genau zwei Zustände haben: geöffnet oder geschlossen. Es mag trivial klingen, aber eine wichtige Eigenschaft ist, dass der Knopf in seinem Zustand bleibt, bis man ihn bewusst ändert. Ist der Knopf geschlossen, so bleibt er geschlossen, bis man ihn öffnet. Er eignet sich damit gut als permanenter elektrischer Schalter.

Du benötigst

- Nicht leitenden Stoff (z.B. Filz)
- Leitendes Garn
- Einen Druckknopf aus Metall

Planung

Du wirst auf zwei Stoffe jeweils eine Hälfte eines Druckknopfs mit leitendem Garn aufnähen. Das ist so einfach, dass wir diesmal kein Bild brauchen.

Schritt 1: Material zuschneiden

Die Größe des Materials ist nicht kritisch. Jedes Stück Stoff, das mindestens doppelt so groß ist wie der Druckknopf, kann verwendet werden.

Schritt 2: Nähen

Nähe mit einem doppelten Faden an einem Ende des Stoffes ein paar Mal hin und her. An dieser Stelle werden später die restlichen Komponenten verbunden. Mit wenigen Stichen musst du nun zum anderen Ende des Materials nähen. Dort wird der Druckknopf angebracht. Nähe ihn fest und wiederhole die Schritte dann für die andere Seite des Druckknopfs auf dem zweiten Stück Stoff. Achte auf die Orientierung der Teile – sie müssen ineinanderpassen, wenn du sie zusammendrückst.

Die Oberseite soll am Ende etwa wie im linken Bild und die Unterseite kann wie im rechten Bild aussehen:

Wenn beide Seiten miteinander verbunden werden, kann ein elektrischer Strom von einem Stoffende zum anderen fließen. Öffnest du den Knopf, wird die Verbindung unterbrochen.

Taster

Ein Taster kann ebenfalls einen Stromkreis öffnen oder schließen. Im Gegensatz zum Schalter behält der Taster aber seinen Zustand nicht. Er kehrt in seinen ursprünglichen Zustand zurück, wenn er losgelassen wird. Drückt man ihn, kann er einen Stromkreis schließen. Lässt man den Taster los, öffnet er den Stromkreis wieder. Um eine LED den ganzen Tag leuchten zu lassen, müsste der Taster die ganze Zeit gedrückt bleiben. Das ist nicht immer praktisch, deswegen muss man gut überlegen, wann ein Taster und wann ein Knopf sinnvoller ist.

Du benötigst

- Leitenden und nicht leitenden Stoff
- Leitendes und nicht leitendes Garn
- Einen Schwamm oder anderes nicht leitendes Material, das zusammengedrückt werden kann (z.B. Füllwatte oder anderes Füllmaterial für Jacken)

Planung

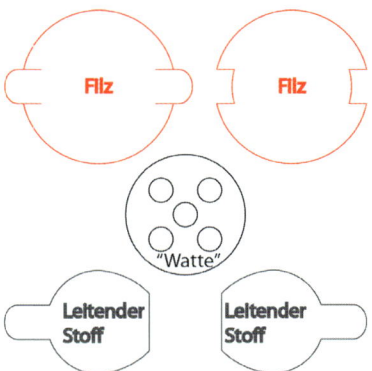

Bei diesem Projekt gibt es vier verschiedene Formen, für die Schablonen vorbereitet werden sollen. Es soll möglichst viel gebügelt werden, und wir verzichten diesmal auf Näharbeiten mit leitendem Garn.

Schritt 1: Material zuschneiden

Schneide die Schablonen aus und übertrage sie auf den Stoff. Der leitende Stoff muss zuvor mit Vliesofix versehen werden.

Falls die Füllwatte nicht einfach geschnitten werden kann, reichen auch eckige Ausschnitte aus, die man leicht bekommt, wenn man das Material in der Mitte faltet und dann ein Dreieck an der Faltkante ausschneidet. Es kommt dabei nicht auf Schönheit an, sondern auf einen ausgewogenen Mix zwischen Löchern und Material. Einerseits soll der Kontakt zwischen den beiden leitenden Materialien hergestellt werden, indem sie sich durch die Löcher im Füllmaterial berühren, wenn sie zusammengedrückt werden. Andererseits muss das Material leicht in seine Ursprungsform zurückgelangen, und da ist meist mehr Material besser. Hier musst du einfach etwas experimentieren, bis sowohl Material als auch Schnitt einen guten Taster ermöglichen.

Lege als Nächstes das Füllmaterial auf den leitenden Stoff der einen Hälfte. Klappe dann die zweite Hälfte auf das Füllmaterial, so dass die Beine aus leitendem Stoff in zwei unterschiedliche Richtungen zeigen. Du hast ein Sandwich gebaut aus einer Schicht Filz, auf die leitender Stoff gebügelt wurde, auf dem ein Kreis mit Löchern aus Füllmaterial liegt, und darauf liegt ein zweites Stück leitender Stoff, der wiederum auf Filz gebügelt ist.

Schritt 2: Nähen

Das Nähen ist in diesem Fall sehr einfach. Mit einem bunten Faden, der nicht leitet, das Ergebnis aber interessanter aussehen lässt, kannst du die Ränder der Filzschichten vernähen. Den Taster kannst du nun wie gewohnt an den LilyPad Arduino anschließen, indem du von beiden Beinen aus leitendem Stoff zum jeweils passenden Pin nähst.

Projekt: Reißverschlüsse

An vielen Kleidungsstücken ist ein Reißverschluss vorhanden. Er kann leicht an Stoff genäht werden, und wenn er einen Schieber aus Metall hat, kann ein elektrischer Strom hindurchfließen. Mit einem Mikrocontroller kann dann überprüft werden, wie weit der Verschluss geöffnet ist. Das kann praktisch sein, da man manchmal sicher sein möchte, dass der Reißverschluss auch wirklich geschlossen ist, oder man positioniert ihn an eine leicht zugängliche Stelle, um damit z.B. die Helligkeit von LEDs zu steuern. Im einfachsten Fall werden zwei leitende Nähte an die Zähne genäht und der Reißverschluss funktioniert dann als einfacher digitaler Schalter. Mit etwas mehr Aufwand kann man auch mehrere Zähne verbinden, so wie in diesem Projekt.

Du benötigst

- Reißverschluss mit metallischem Schieber (Zähne können aus Plastik sein, Metall ist aber natürlich besser)
- Leitendes Garn
- Nähnadel
- Schere

Schritt 1: Linke Seite nähen

Schneide ausreichend viel Garn ab und fädle es als einzelnen Faden durch die Nadel. Es muss von einem Ende zum anderen entlang der langen Kante reichen.

Sieh dir das folgende Bild genau an. Du musst mit dem Faden parallel zu den Zähnen nähen, allerdings muss der Faden jeden einzelnen Zahn umschlingen. Du nähst also von einer Seite durch den Stoff, so dass Du an einer Ecke des Zahns herausstichst, nähst entlang des Zahns mit einem Stich, stichst auf der anderen Seite des Stoffes heraus und ziehst den Faden dann um den nächsten Zahn herum, zurück auf die andere Seite.

Das folgende Bild soll dir helfen, den Stich etwas genauer einzuschätzen. Du kannst dir aber auch einen anderen Stich einfallen lassen, denn entscheidend ist nur, dass der Schieber Kontakt zum Faden bekommt. Prüfe rechtzeitig mit einem Multimeter, ob dein Stich einen Kontakt herstellen kann und ob der Reißverschluss sich noch öffnen und schließen lässt.

Schritt 2: Rechte Seite nähen

Du brauchst dieselbe Menge Garn wie im ersten Schritt. Diesmal wird die andere Seite genäht.

Am Ende sollte es etwa so aussehen:

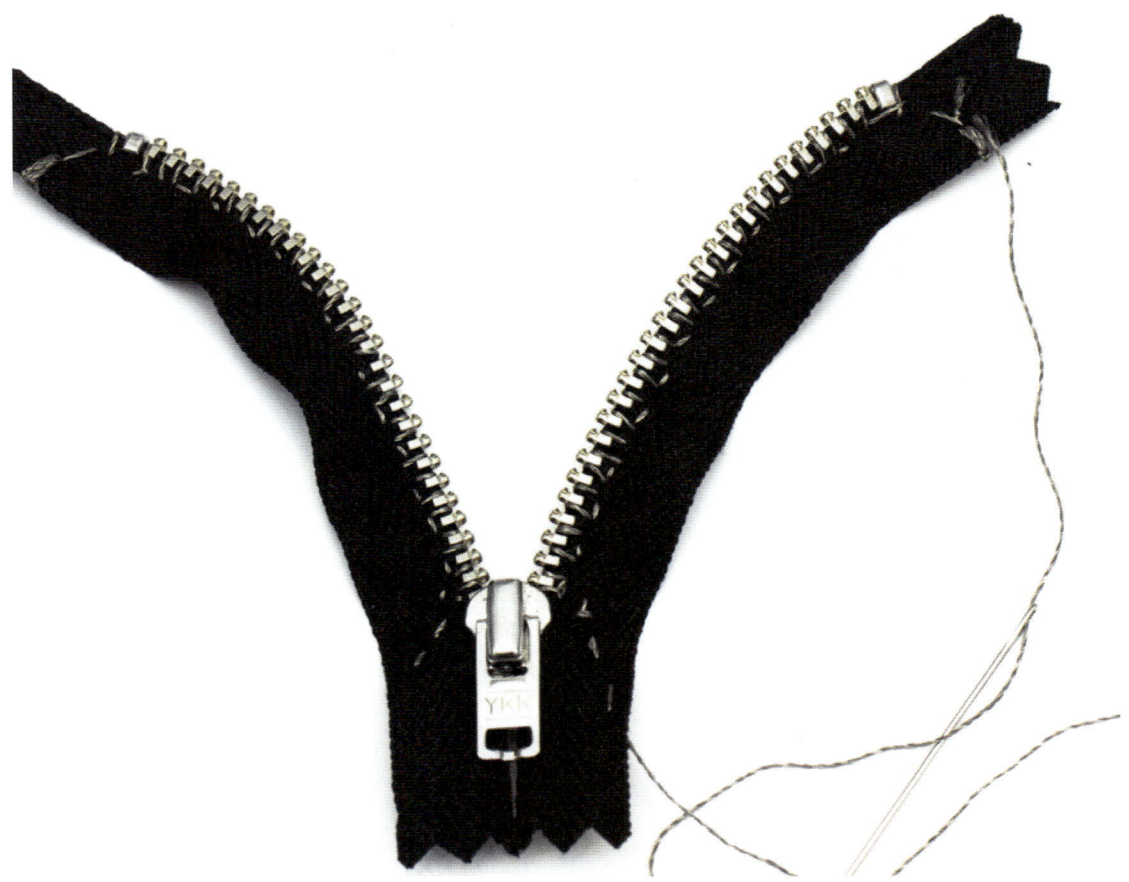

Projekt 15:
Drucksensor

Du benötigst

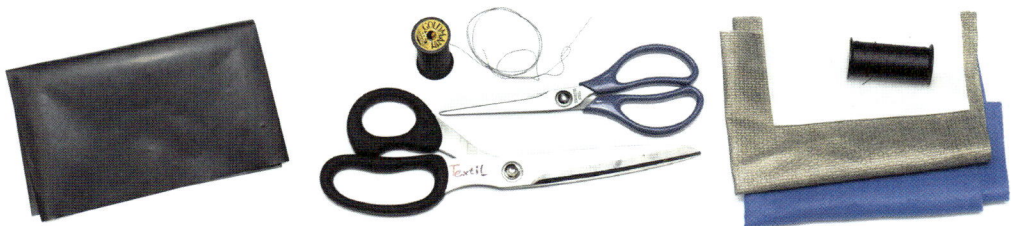

- Filz
- Leitenden Stoff
- Leitendes und nicht leitendes Garn
- Nähnadel
- Scheren
- Velostat

Planung

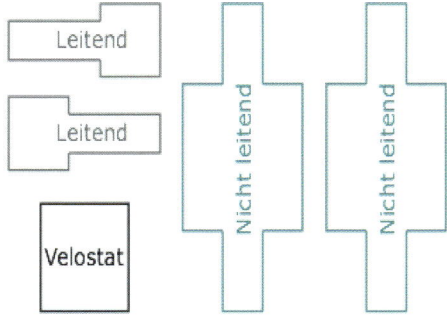

Das Stück leitender Stoff ist etwas kleiner als das nicht leitende, damit es später nicht mehr sichtbar ist.

Schritt 1: Leitendes Gewebe vorbereiten

Bügle etwas Vliesofix auf den leitenden Stoff.

Schablonen übertragen

Übertrage die jeweils passenden Schablonen auf Filz, leitenden Stoff und Velostat. Für den Filz nimmst du am besten etwas Kreide und für das Vliesofix einen Kugelschreiber.

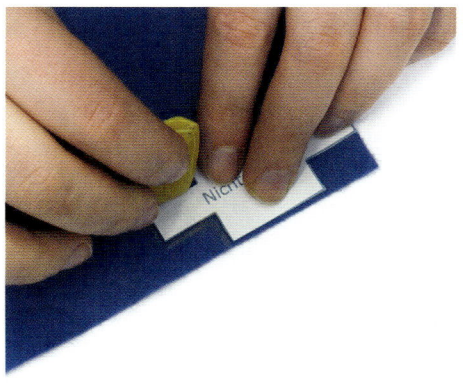 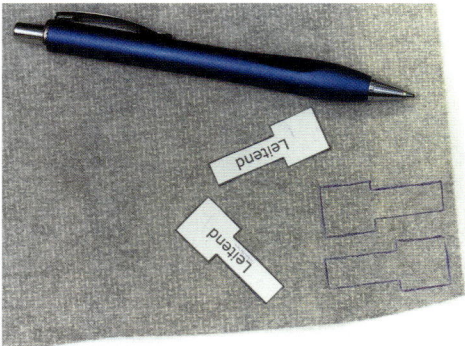

Das Velostat kratzt du leicht mit der Nadel an, da Stifte hier schlecht zu sehen sind.

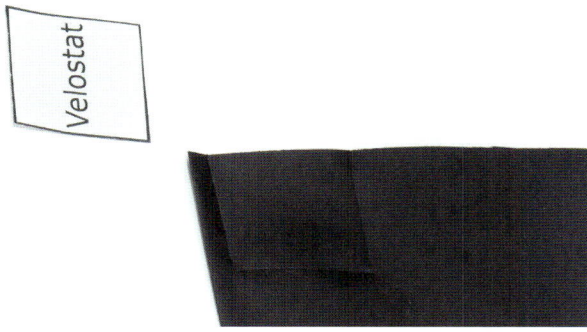

Formen ausschneiden

Mit der Schere schneidest du die Formen nun entlang der Markierungen aus.

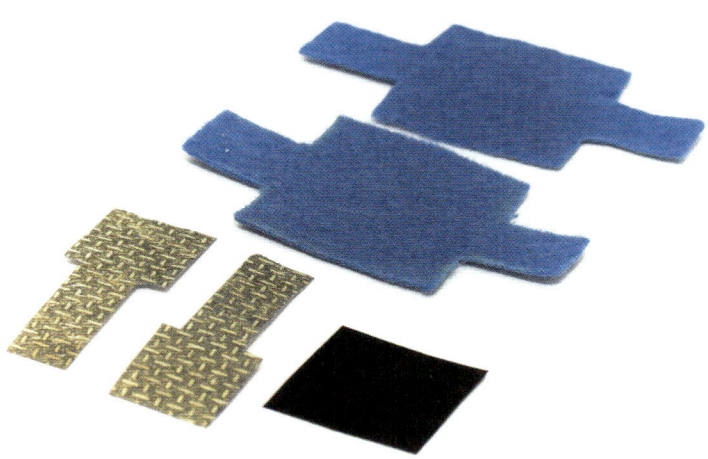

Schritt 3: Bügeln

Als nächstes musst du das leitende Gewebe auf den Filz bügeln. Zieh das Papier vom Vliesofix ab. Platziere das leitende Gewebe mit dem Vliesofix nach unten auf den Filz. Das dicke Rechteck befindet sich dabei etwa mittig auf dem Filz und die beiden Enden der Materialien liegen nicht ganz übereinander; hier solltest du gut 1–2 mm Abstand zum Filzrand lassen.

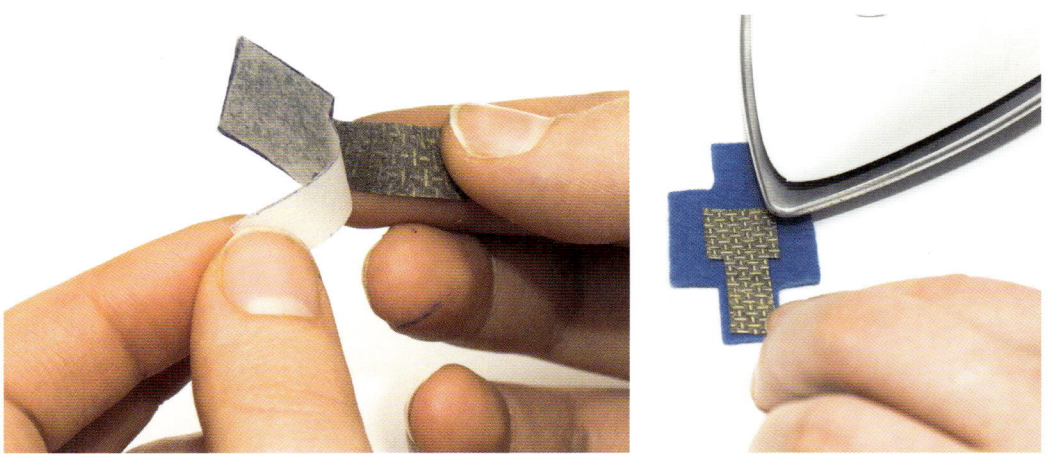

Schritt 4: Velostat platzieren

Zentriere das Velostat auf dem Filz. Leg die zweite Filzhälfte mit dem leitenden Material auf das Velostat. Achte dabei darauf, dass die Beine des leitenden Materials nicht in dieselbe Richtung zeigen.

Schritt 5: Nähen

Nähe nun alles eng am Rand mit nicht leitendem Garn zusammen. Versuche, dabei das Velostat nicht zu durchstechen.

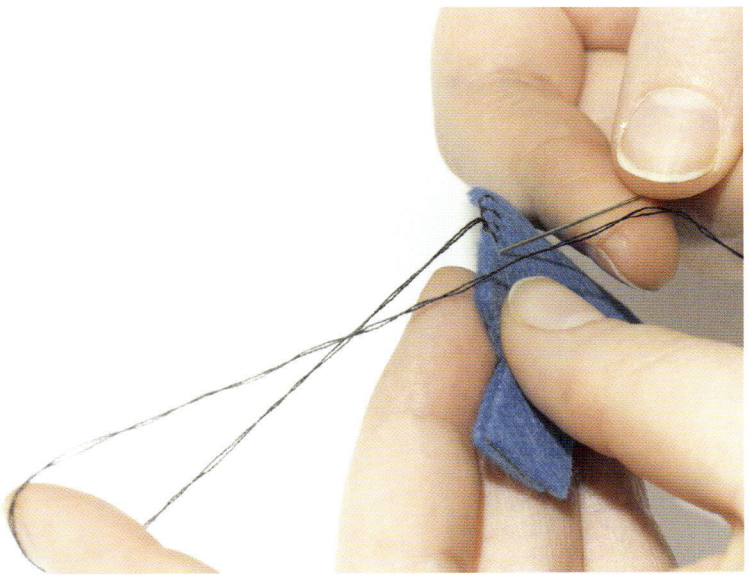

Das Ganze sollte am Ende so aussehen:

Schritt 6: Anschlüsse hinzufügen und messen

An die beiden Enden kannst du nun jeweils etwas leitendes Garn nähen. Mit diesem Garn kannst du den Sensor an den LilyPad Arduino anschließen.

Ein Multimeter misst etwa 50–100 kOhm (stell das Multimeter auf den Bereich *200k*), wenn der Taster nicht gedrückt wird, und etwa 20–50 Ohm (stell das Multimeter auf den Bereich 200) bei gedrücktem Taster.

Projekt 16:
Tiltsensor/Lagesensor

Dieser Sensor nutzt eine Metallperle, die gegen leitenden Stoff stößt, um die Neigung relativ zum Erdboden zu messen. So kann z.B. festgestellt werden, ob der Träger eines Kleidungsstücks sitzt, steht oder ob er einen Arm hebt.

Du benötigst

- Eine schwere, leitende Metallperle
- Plastikperlen
- Leitenden Stoff
- Vliesofix
- Leitendes Garn
- Filz

Planung

Folgende Schablone kannst du für das leitende Garn verwenden.

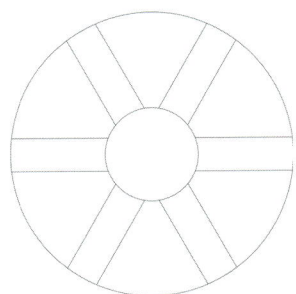

> **Link-Tipp**
>
> Das Originallayout findest du (in englischer Sprache) im Internet: *http://www.plusea.at/?p=2234*

Wenn du die Schablone im nächsten Schritt im Fotokopierer auf die gewünschte Größe vergrößerst, auf das leitende Garn überträgst und entlang der Linien schneidest, zerfällt sie in viele Einzelteile: sechs abgerundete Dreiecke, sechs Rechtecke und ein kleiner Kreis.

Schritt 1: Zuschnitt

Übertrage die Schablonen auf den Stoff. Der leitende Stoff muss vorher mit Vliesofix vorbereitet werden. Schneide die Schablone (auf dem Stoff) mit einer Schere aus.

Schritt 2: Bügeln

Zieh das Papier vom Vliesofix ab und leg die dreieckigen Pads auf den Filz. Verteile sie gleichmäßig und lass nicht mehr als eine Perlenbreite (Metallperle) Abstand zwischen ihnen. Bügle alles fest, achte aber darauf, dass der Filz nicht zu heiß wird. Es hilft, ein Blatt Papier über den Stoff zu legen. Damit sollte man aber vorsichtig sein, damit die Pads nicht verrutschen.

Als Nächstes musst du das Papier von den rechteckigen Pads abziehen und gleichmäßig auf einer kurzen Kante verteilen. Die Pads sollten den Filz umfassen und von beiden Seiten festgebügelt werden.

Schritt 3: Nähen

Nähe von jedem dreieckigen Pad zu einem rechteckigen Pad mit einem Faden aus leitendem Garn.

Der Faden sollte nur mit einem einzigen dreieckigen Pad verbunden sein. Es bietet sich an, leicht geschwungene Bögen zu nähen. Lass ausreichend Platz am Rand, denn im nächsten Schritt müssen wir dort noch etwas platzieren. Es lohnt sich, jetzt kurz auf Schritt 4 zu schauen.

Achte auf der Unterseite darauf, dass sich keine benachbarten Pfade berühren. Vor allem die Knoten sind kritisch; notfalls musst du sie zurechtschneiden oder mit etwas Textilkleber fixieren.

Schritt 4: Pad für die Perle aufbügeln

Der kleine Kreis aus leitendem Stoff ist für die Perle reserviert. Leg ihn an den Rand, schlag ihn mittig um und bügle ihn von beiden Seiten fest. Ein Stück Papier kann den Stoff dabei schonen.

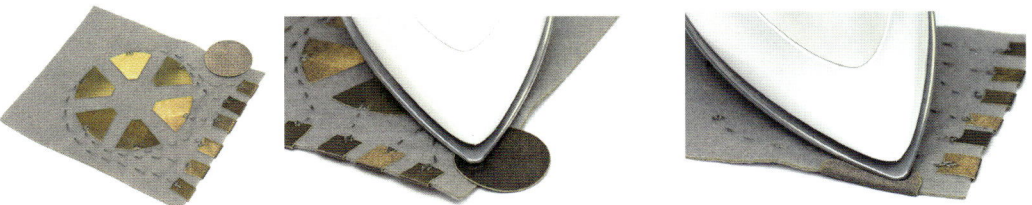

Schritt 5: Perlen

Du brauchst einen doppelten Faden aus leitendem Garn, der mindestens vom Rand mit den eckigen Pads bis zum am weitesten entfernten Dreieckspad reicht.

Stecke den Faden mit einer Nadel durch die Perle.

Verknote das Fadenende fest an der Perle.

Nimm ein paar Plastikperlen mit der Nadel auf.

Der Weg von einer Padmitte bis zum Mittelpunkt des Stoffes muss mit Plastikperlen ausgefüllt sein. Die Perlen stabilisieren den Faden, isolieren ihn und sorgen dafür, dass die Metallperle später zum Boden hin zeigt.

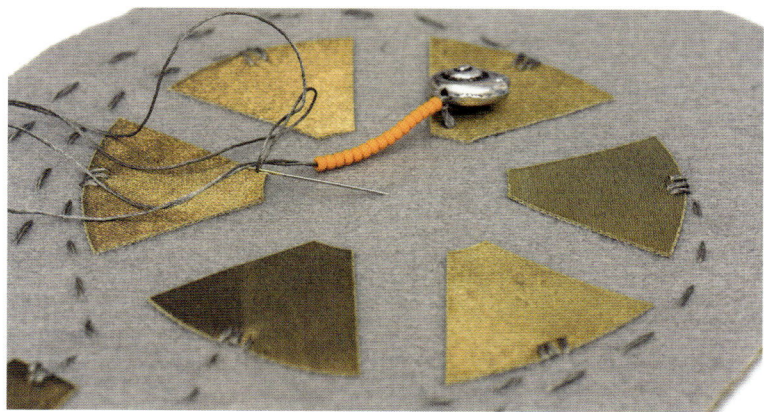

Kapitel 5: Textile Sensoren

Nähe nun vom Mittelpunkt des Stoffs bis zum runden Pad.

Projekt 17:
Neopren-Biegesensoren

Dieser Sensor kann messen, wie stark z.B. ein Arm oder ein Bein angewinkelt ist, indem man feststellt, wie stark der Sensor gebogen wird.

Du benötigst

Link-Tipp

Das Originallayout findest du (in englischer Sprache) auch im Internet:
http://www.plusea.at/?p=792

- Leitendes Gewebe mit Vliesofix (nicht im Bild)
- Neopren
- Leitendes und nicht leitendes Garn

Planung

Du musst Neopren, Velostat und leitendes Gewebe zuschneiden. Folgende Skizze zeigt die korrekten Proportionen.

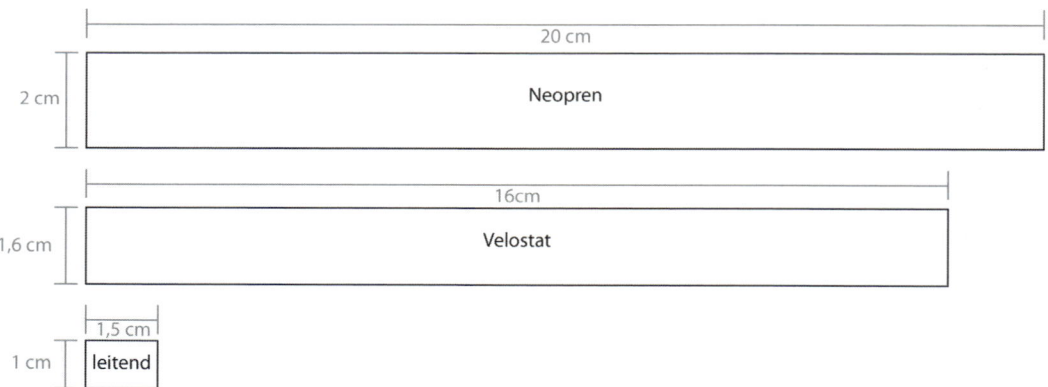

Schritt 1: Neopren schneiden

Zeichne mit Lineal und Kreide zwei 2 cm breite und 20 cm lange Streifen auf das Neopren.

Mit der Schere schneidest du die beiden Streifen aus.

Schritt 2: Velostat schneiden

Das Velostat muss ebenfalls in zwei gleich lange Streifen geschnitten werden. Sie sollten etwas kürzer sein als die Neoprenstreifen. Die Streifen können z.B. 1,6 cm breit und 18 cm lang sein.

Schritt 3: Leitendes Gewebe schneiden

Bügle zunächst Vliesofix auf eine Seite des leitenden Gewebes. Dann schneidest du zwei gleich große Rechtecke aus, die etwa 1 cm x 1,5 cm groß sind. Es sind die beiden Kontakte des Sensors, die später in deinen Projekten verbunden werden können.

Folgendes Material sollte nun bereitliegen:

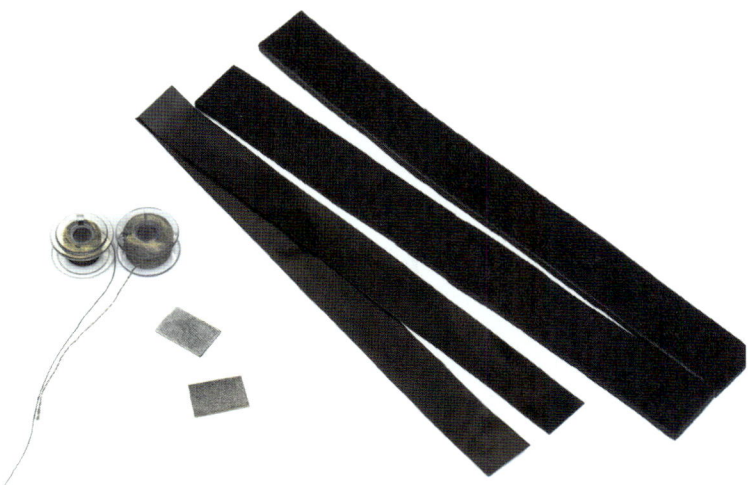

Schritt 4: Neopren markieren

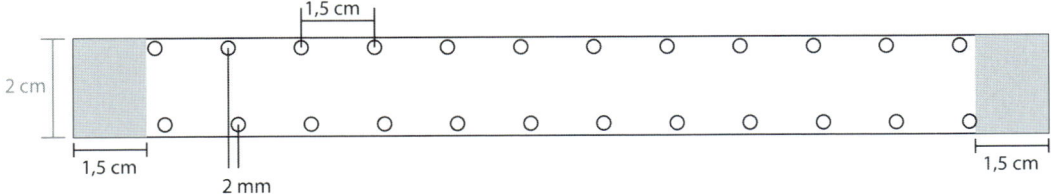

Zeichne mit Kreide alle 1,5 cm einen Punkt an den oberen Rand eines Stücks Neopren. Lass an beiden Rändern etwa 1,5 cm frei.

In einem Abstand von etwa 1 cm kopierst du nun die Punkte an den anderen Rand. Allerdings müssen diese Punkte im Vergleich zu den Punkten zuvor um 2 mm versetzt sein!

Schau dir das letzte Bild von Schritt 5 an, dann sollte alles klar sein.

Zeichne die gleichen Markierungen auf das zweite Stück Neopren.

Schritt 5: Leitendes Gewebe auf Neopren bügeln

Zieh das Papier vom Vliesofix ab und leg das leitende Gewebe mit der Vliesofix-Seite nach unten auf das Neopren, so dass es halb auf dem Material liegt und halb übersteht. Der Platz, den du im letzten Schritt frei gelassen hast, sollte größer sein als der Platz, den das leitende Gewebe nun einnimmt. Leg ein Stück Papier auf das Material und bügle diese Seite fest.

Dreh das Material um, knicke das leitende Gewebe um und bügle es entsprechend auf der Rückseite fest.

Wiederhole den Schritt für den zweiten Neoprenstreifen. Von oben sehen die beiden Streifen nun wie folgt aus:

Die Striche dienen zur Orientierung und sollten übernommen werden. Die langen Striche grenzen den Nähbereich ein und die kurzen Striche (die nur bis zur Hälfte des Materials reichen) geben den Startpunkt der Naht vor; mehr dazu im nächsten Schritt.

Schritt 6: Neopren Zickzack nähen

Fädle leitendes Garn in eine Nähnadel. Verknote das Ende. Stich mit der Nadel an das Ende des kurzen Strichs und führe sie halb durch das Material durch, bis kurz vor den Rand des Materials. Stich dabei nicht ganz durch das Neopren durch! Die Nadel kommt also nicht auf der Rückseite des Materials heraus, sondern wird flach gehalten, wie im folgenden Bild angedeutet:

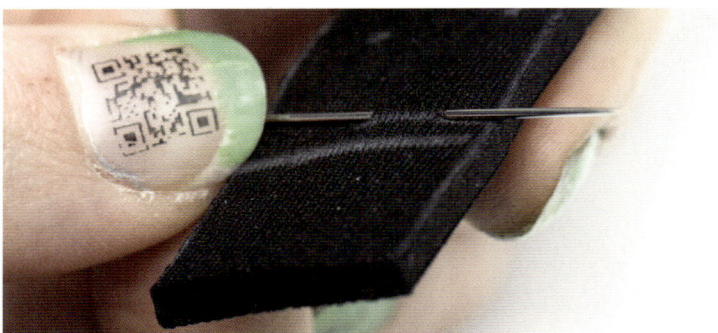

Zieh den Faden fest, so dass der Knoten am Ende des leitenden Garns im Neopren verschwindet.

Setze die Nadel nun im diagonal gegenüberliegenden Punkt neu an und nähe wieder nur halb durch das Neopren hindurch bis zum um 2 mm versetzten Punkt am anderen Rand.

Was passiert? Du nähst diagonale Striche. Im nächsten Schritt gehst du wieder zum diagonal gegenüber liegenden Punkt und wiederholst den Schritt. Das geht dann so weiter bis du am Ende des Neoprens (innerhalb der Striche) angekommen bist. Nach zwei Stichen sieht es etwa so aus:

Wichtig ist dabei, dass du nicht durch das Neopren durchstichst. Auf der Rückseite des Materials kann man kein leitendes Garn sehen! Wenn die Nadel den letzten Punkt innerhalb der Striche durchstochen hat, nähst du zum leitenden Gewebe:

Du bist dabei wie immer nur halb durch das Neopren gegangen und fixierst das Garn nun im leitendem Gewebe mit einem zweiten Stich und einem dritten, der seitlich aus dem Neopren herauskommt.

Wiederhole alle Schritte für den zweiten Neoprenstreifen. Am Ende sehen die Stücke von oben so aus:

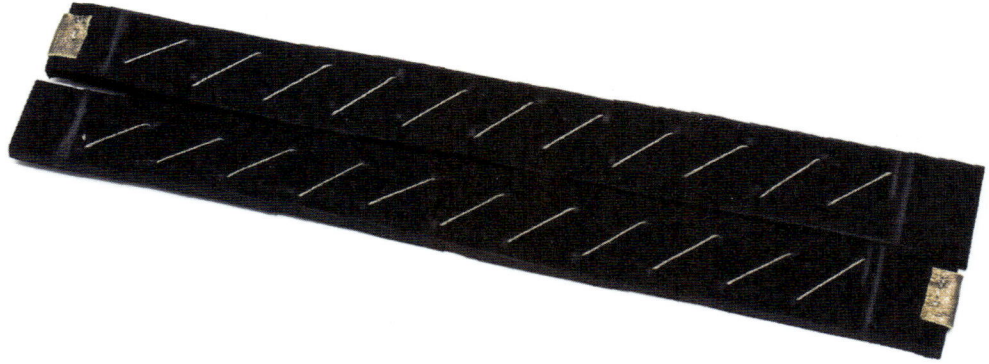

Die diagonalen Nähte sind gut zu erkennen. Sie zeigen bei beiden Streifen in dieselbe Richtung, allerdings ist bei einem Streifen das Pad aus leitendem Gewebe links und bei dem zweiten Streifen ist es rechts.

Schritt 7: Sandwich bauen

Leg die beiden Streifen Velostat auf einen Neoprenstreifen.

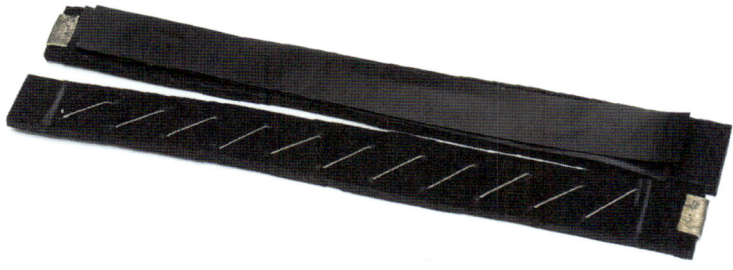

Klapp den zweiten Neoprenstreifen um, so dass nun ein Sandwich aus Neopren, Velostat und Neopren bereitliegt.

Die beiden Pads aus leitendem Gewebe zeigen dabei in entgegengesetzte Richtungen und die Nähte aus leitendem Garn würden sich kreuzen, wenn nicht die beiden Velostat-Schichten dazwischenlägen.

Mit nicht leitendem Garn kannst du das Sandwich jetzt vernähen. Nähe nicht zu weit vom Rand entfernt, damit das Velostat nicht beschädigt wird!

Das Ergebnis sollte in etwa so aussehen, du kannst den Sensor gerne biegen.

Zusammenfassung

Für den Einstieg nicht schlecht! Du kannst die wichtigsten textilen Sensoren herstellen und sie anstelle der gekauften Sensoren in Kapitel 2 und 3 einsetzen. Knöpfe und Taster, Reißverschlüsse, Druck-, Tilt- und Biegesensoren warten darauf, in deinem nächsten Projekt eingesetzt zu werden. Hast du den Reißverschluss genäht? Das ist Fleißarbeit, denn jeder Zahn muss präzise umnäht werden. Auf den Bildern sieht das sehr leicht aus und vielleicht hast du gedacht, dass es sich nicht lohnt, das Projekt zu nähen? Einen funktionsfähigen Reißverschluss-Sensor zu nähen, ist eine wichtige Übung, und du kannst den Sensor später in vielen Projekten verwenden. Auch der diagonale Stich (halb) durch das Neopren beim

Biegesensor möchte geübt werden. Fertige zwei oder drei solcher Sensoren an und zeig sie deinen Freunden. Gemeinsam kommt ihr sicher auf ein paar sinnvolle Anwendungen für Biegesensoren.

Im nächsten Kapitel geht es um etwas völlig anderes. Wir schauen uns das Sparkle System von der Firma Aniomagic an. Es ist eine interessante Alternative zum LilyPad Arduino, wenn man nur ein paar LEDs blinken lassen möchte, da die Programmiersprache darauf optimiert ist. Meistens verwendet man noch nicht einmal die Programmiersprache, sondern klickt einfache Blinkmuster im Webbrowser zusammen. Diese werden dann auf das Sparkle Board übertragen, indem man dieses einfach kurz vor den Computerbildschirm hält. Das bedeutet: für das Sparkle braucht man keinen Programmieradapter und kein USB-Kabel. Man kann es sogar mit dem Smartphone »programmieren«, wenn dieses über einen grafischen Webbrowser verfügt. So kann die Kleidung unterwegs umprogrammiert werden. Für das Sparkle gibt es auch ein paar Erweiterungen, die im Detail im nächsten Kapitel vorgestellt werden. So kann das Sparkle auf Lichtsensoren und Soundsensoren reagieren, oder man baut eigene Sensoren für das System (z.B. einen textilen Sensor). Es gibt verschiedene LED Boards und auch einen Lautsprecher. Das alles ist eine Nummer kleiner als die LilyPad Sachen, so dass es sehr unauffällig in Kleidung eingearbeitet werden kann.

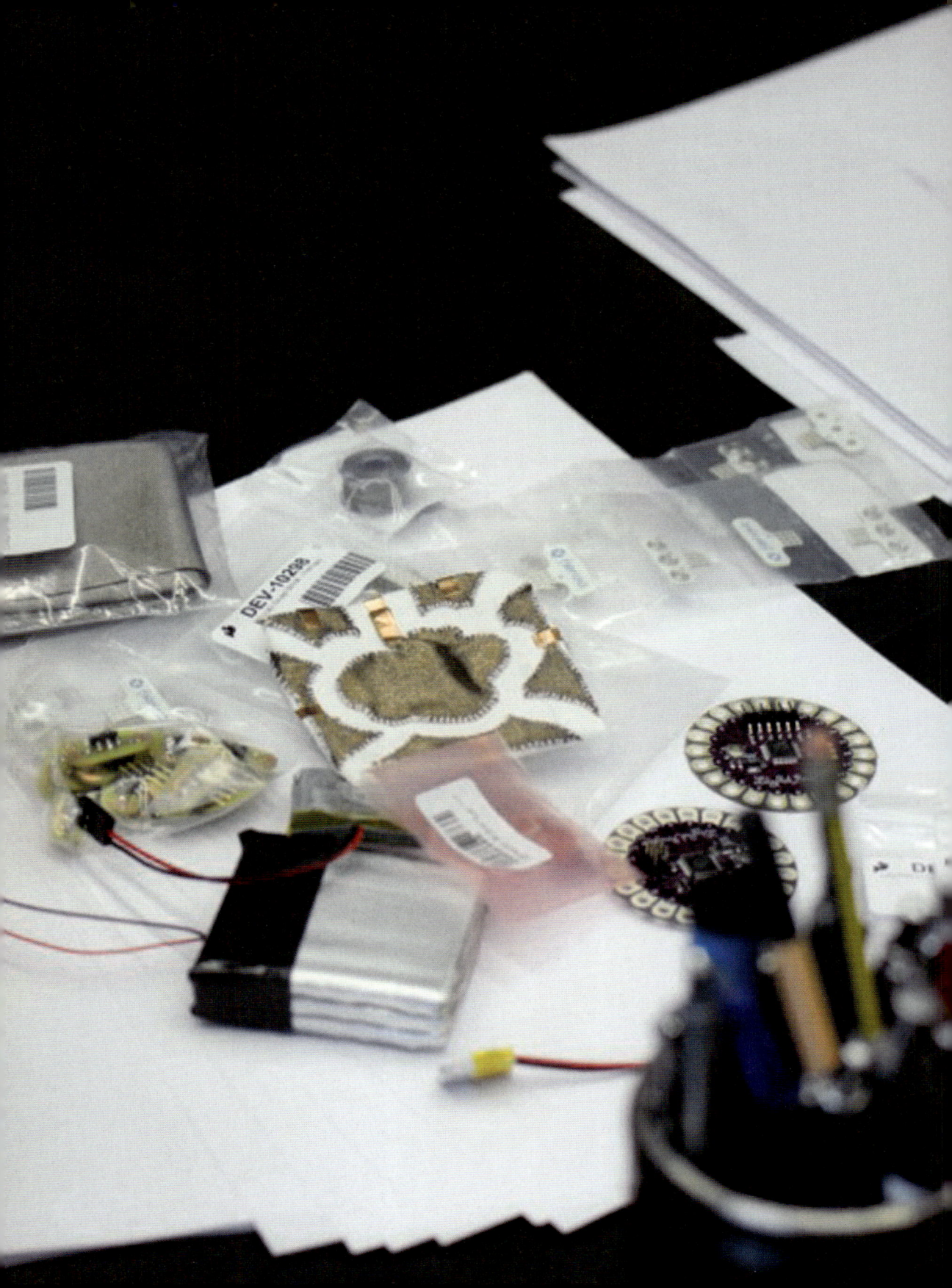

Aniomagic Sparkle

6

Für einfache Projekte, bei denen nur LEDs blinken sollen, auf eine aufwändige Programmierung jedoch verzichtet werden soll, können *Aniomagic Sparkle Boards* benutzt werden. Meist werden eine Handvoll LEDs mit einem Sparkle Mikrocontroller Board verbunden und nach Bedarf ein oder zwei Sensoren angeschlossen, etwa um Geräusche oder Temperaturen auszuwerten. Das Besondere an diesem System ist, dass es ohne USB-Verbindung zum Computer programmiert werden kann. Stattdessen muss man das Board einfach vor den Computerbildschirm halten und es wird dann durch eine kleine Animation im Webbrowser programmiert. Dazu kann sogar ein Smartphone verwendet werden, so dass das Programm auch unterwegs geändert werden kann.

In diesem Kapitel bekommst du einen Überblick über die verfügbare Hardware. Das Sparkle Board und die verfügbaren Erweiterungen werden einzeln besprochen und im Anschluss werden Kits vorgestellt, die eine sinnvolle Kombination von Sparkle Komponenten beinhalten. Du lernst, wie du LEDs mit dem Sparkle Board verbindest und das System am Bildschirm programmierst. Die Bauteile aus dem Sparkle Kit wirst du auf ein T-Shirt nähen und mit dem Sparkle Sound Kit wirst du ein Armband herstellen. Am Ende des Kapitels werden kurz die wichtigsten Bestandteile der Sparkle-Programmiersprache erläutert. Wer möchte, kann das System klassisch programmieren, aber wer lieber nicht programmiert, der kommt mit der Webanwendung schon sehr weit. Die Kits kosten wirklich nicht viel und reichen für eindrucksvolle Projekte aus.

> **Hinweis**
>
> Die meisten Fotos in diesem Kapitel stammen von Aniomagic. Wir danken für die Überlassung der Bilder.

Hardware

Sparkle Board

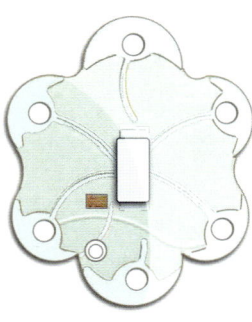

Das Sparkle Board hat die Form einer Blüte und besitzt eine LED und einen kleinen Lichtsensor auf der Oberseite sowie einen Mikrocontroller auf der Unterseite. Die Versorgungsspannung beträgt 3V und kann durch eine Knopfzelle zur Verfügung gestellt werden. Es ist wichtig, dass keine höhere Spannung verwendet wird! Die Stromquelle wird am oberen (+) und unteren (-) Anschluss in der Mitte des Boards angeschlossen. Es gibt noch vier weitere Löcher, zwei auf der linken Seite und zwei auf der rechten. Die unteren äußeren Löcher bilden einen gemeinsamen Minuspol für die linke und rechte Seite. Dieser Minuspol ist nicht direkt mit dem Minuspol der Batterie verbunden, sondern wird vom Mikrocontroller gesteuert. Die oberen Löcher sind zwei unabhängige Pluspole, die auch als Datenkanäle verwendet werden können. Das Sparkle Board kann mit Sensoren und LEDs über diese Datenkanäle kommunizieren. Der Clou ist, dass mit nur zwei Fäden (einer für Minus, einer für Plus bzw. Daten) bis zu 20 LEDs mit einem Sparkle Board gesteuert werden können. Obwohl die LEDs parallel angeschlossen werden, erlaubt die raffinierte Technik von Aniomagic eine individuelle Ansteuerung jeder einzelnen LED. Zur Erinnerung: Bei normalen Parallelschaltungen konnten alle LEDs ja nur entweder gleichzeitig an oder aus sein.

Es folgt nun eine kurze Auflistung der Komponenten, die mit dem Sparkle Board verbunden werden können. Weiter unten in diesem Kapitel findest du mehr über das Sparkle Board und wie es funktioniert.

Lightboard

Bis zu 20 Lightboards können an ein Sparkle Board angeschlossen werden. Sie haben Striche (oder Punkte, je nach Version) auf der

Oberseite. Die Anzahl der Striche ist unterschiedlich und liegt zwischen einem und fünf Strichen. Sie sehen ähnlich aus wie die Lily-Pad LEDs und beinhalten auch eine LED. Allerdings steckt mehr dahinter. Jedes Lightboard hat einen eigenen kleinen Mikrocontroller, der mit dem Sparkle Board kommuniziert. Wenn mehr als fünf Lightboards in einem Projekt verwendet werden, leuchten diejenigen Lightboards gemeinsam auf, die die gleiche Anzahl an Strichen haben. Es können nur maximal fünf unterschiedliche Lightboard-Gruppen einzeln angesteuert werden.

LED-Board

Die LED Boards haben einen 100Ohm-Widerstand und eine SMD-LED eingebaut. Sie besitzen keinen Mikrocontroller und können flach genäht werden. Sie sind den LilyPad LEDs sehr ähnlich.

LED-Sequins

Die LED-Sequins haben keinen Widerstand eingebaut. Im Gegensatz zu den Lightboards haben sie keinen Mikrocontroller und sind eigentlich nicht anderes als die LED-Sequins, die wir in Kapitel 4 selber hergestellt haben. Sie haben zwei Perlen: Die silberne Perle ist die Kathode und die bronzefarbene Perle ist die Anode. Sie sind schwierig zu nähen, da sie so klein sind, aber mit einer dünnen Nadel funktioniert es ganz gut.

Batteriehalter

Der Batteriehalter ist eigentlich nichts Besonderes. Er wurde nicht speziell für Kleidung entworfen und ist auch nicht wirklich ideal. Das Plastikgehäuse kann eine Knopfzelle vom Typ CR2032 aufnehmen und hat zwei Anschlüsse aus Metall für die Batteriepole. Besser ist es, die Batteriehalter aus Kapitel 1 zu benutzen, die du selbst hergestellt hast.

Sensoren

Es gibt einige Sensoren für das Aniomagic-Sparkle-System. Sie senden Nachrichten an das Sparkle Board und können nicht ohne weiteres an einem LilyPad Arduino verwendet werden. Andersherum klappt es aber auch nicht: Einen LilyPad Sensor kannst du nicht in einem Aniomagic-Projekt verwenden. Es gibt zwar die Möglichkeit, manche LilyPad Sensoren mit dem Aniomagic Custom Board zu verbinden, aber das ist keine schöne Lösung. Ebenso wenig sind die selbstgebauten Sensoren aus Kapitel 4 direkt anschlussfähig an das Aniomagic System.

Soundboard

Das Soundboard ist eigentlich nur ein Mikrofon mit einem kleinen Mikrocontroller auf der Rückseite. Es werden Schallwellen in digitale Datenpakete umgewandelt. Der Sensorwert kann dabei zwischen 1 und 10 liegen, je nach Lautstärke.

Accel

Der Accel Sensor sendet Beschleunigungsdaten an das Sparkle Board.

Auffällig ist, dass der Sensor nicht nur zwei Anschlüsse hat, sondern drei. Normalerweise kann mit diesem Sensor die Beschleunigung in 3 Achsen gemessen werden. Verbindet man jedoch das mittlere Loch mit dem unteren, so können sechs verschiedene Orientierungen unterschieden werden.

Light

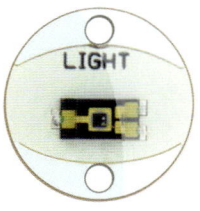

Der Lichtsensor sendet Helligkeitswerte an das Sparkle Board. In Dunkelheit ist der Sensorwert 1 und mit zunehmender Helligkeit steigt der Sensorwert bis zum Maximum 10.

Touch

Dieser einfache Drucksensor ist hilfreich in vielen Schaltungen. Es ist im Grunde genommen ein Schalter. Wenn die Fläche zu klein ist, kann eine größere Sensorfläche an dem mittleren Loch angebracht werden. Diese Fläche muss aus leitfähigem Stoff bestehen.

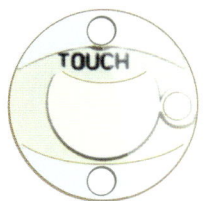

Custom

Dieser Sensor misst im Wesentlichen einen Widerstand, den man zwischen den beiden mittleren Löchern anbringen kann. Zum Beispiel lassen sich damit Drucksensoren mit elektrisch leitenden Stoffen herstellen. Ein 100kOhm-Widerstand ist eingebaut. Schließt du die Sensoren aus Kapitel 4 an dieses Board an, hast du eine Chance, sie mit dem Sparkle Board benutzen zu können. Allerdings passt der vorhandene Widerstand nicht zu jedem Sensor.

Kits

Es gibt momentan drei Sortimente im Handel, die einen leichten Einstieg ermöglichen: das *Sparkle Kit*, das *Sparkle Sound Sensing Kit* und das *Sparkle Motion Sensing Kit*, wobei sich das Motion Sensing Kit von dem Sound Sensing Kit nur durch den beigelegten Sensor unterscheidet.

Sparkle Kit

Das Sparkle Kit ist die günstigste Variante und beinhaltet neben einem Sparkle Board nur einen einfachen Batteriehalter samt Batterie, etwas leitendes Nähgarn und vier LED-Sequins. Es gibt dieses günstige Kit mit verschiedenen LED-Farben: *Diamond*, *Emerald*, *Sapphire* und *Rose Quartz*. Die LEDs werden direkt vom Sparkle Board angesteuert und besitzen keine eigene Intelligenz. Dafür ist der Energiebedarf auch geringer als bei den Lightboards.

Sparkle Sound Sensing Kit und Motion Sensing Kit

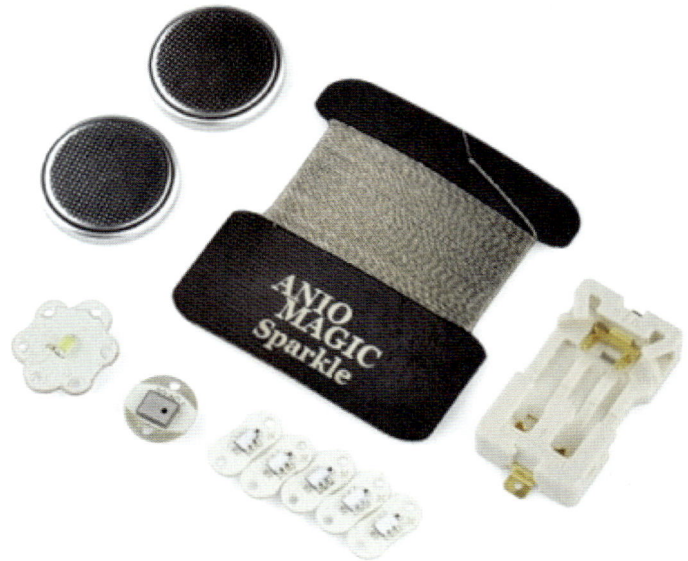

Wer die Möglichkeiten des Sparkle-Systems voll ausnutzen möchte, sollte mit dem Sparkle Sound Sensing Kit anfangen. Darin enthalten ist eine etwas bessere Batteriehalterung und anstelle der LED-Sequins findet man hier fünf Lightboards.

Wenn du keine Töne, sondern Bewegungen detektieren möchtest, dann ist das Sparkle Motion Sensing Kit das Richtige. Es bietet ein Sparkle Board, einen Motion Sensor, fünf Lightboards und einen Batteriehalter mit zwei Batterien. Natürlich ist auch hier ein wenig leitendes Garn dabei.

(Bezugsquelle: Watterott KIT-10842)

Mit dem Sparkle arbeiten

Das Sparkle Board kann entweder mit einfachen LEDs arbeiten oder mit Sensoren und Lightboards. Man kann LEDs und Lightboards nicht in einem Projekt gemeinsam verwenden.

Wichtig: Entweder du verwendest einfache LEDs im sog. *BASIC Mode* oder du verwendest intelligente Komponenten wie Lightboards und Sensoren im sog. *FEATURED Mode*. Du musst den jeweils richtigen Modus am Board einstellen. Wie das geht, findest du in den kommenden Abschnitten erklärt.

Einfache LEDs verbinden

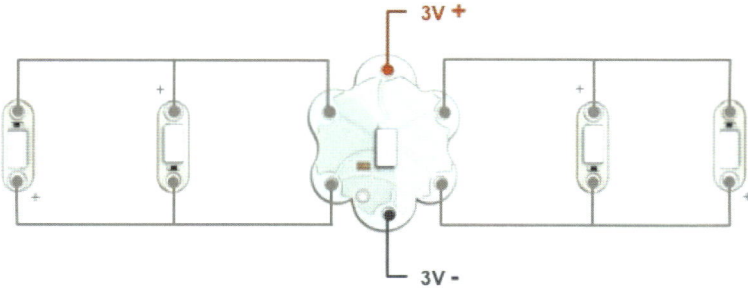

BASIC Mode

Mittlere LED blinkt und kann benutzt werden. Sensoren und Lightboards können nicht verwendet werden, dafür aber einfache LEDs.

FEATURED Mode

Mittlere LED blinkt nicht und kann auch nicht für eigene Programme benutzt werden. Einfache LEDs können nicht verwendet werden, dafür aber Sensoren und Lightboards.

Die einfachen LED-Boards und die LED-Sequins können direkt vom Sparkle Board angesteuert werden. Dafür ist es wichtig, dass jeweils zwei benachbarte LED-Boards 180 Grad zueinander gedreht sind. Die Anode des ersten Boards wird mit dem Datenkanal des Sparkle Boards verbunden. Die zweite LED wird umgekehrt eingebaut: Ihre Anode ist mit der Kathode des ersten LED-Boards verbunden. Man könnte auch sagen, dass sich immer Plus und Minus abwechseln.

Um einfache LEDs benutzen zu können, muss das Sparkle Board im BASIC Mode betrieben werden. Dafür musst du es resetten.

Auf der Rückseite befindet sich ein Reset-Pad. Es ist der einzige Kreis, der kein Loch in der Mitte hat. Links unter ihm befindet sich einer der Minuspole. Verbinde die beiden Kreise miteinander und warte etwa eine Sekunde. Wenn du die Verbindung wieder aufhebst, sollte die große LED auf der anderen Seite blinken. Falls sie

das nicht tut, musst du erneut für eine Sekunde resetten, so lange bis es klappt. Wenn die LED blinkt, ist das Board im BASIC Mode.

Sensoren und Lightboards verbinden

Um einen Sensor in das Sparkle-System einzubauen, muss das Sparkle Board zunächst wie oben beschrieben resettet werden. Verbinde dazu die beiden Pins auf der Rückseite des Sparkle Boards miteinander. Diesmal musst du so lange resetten, bis die große LED nicht mehr blinkt. Die kleine LED soll aber weiterhin leuchten. Wenn die große LED nicht mehr blinkt, ist das Sparkle Board im FEATURED Mode. In diesem Modus kann die große LED nicht benutzt werden.

Eine typische Schaltung mit dem Sparkle Sound Kit könnte wie folgt aussehen (ohne den Touch Sensor links):

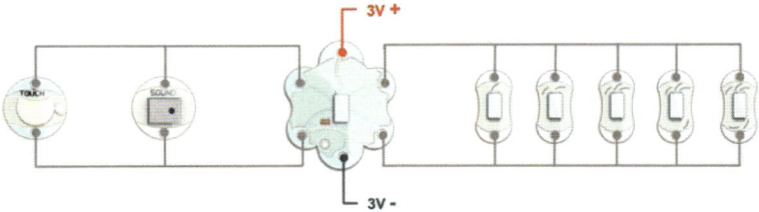

Der Soundsensor befindet sich links vom Sparkle Board, die Lightboards befinden sich rechts vom Sparkle Board und sind aufsteigend nummeriert sortiert. Außerdem braucht das Ganze Strom, der über die 3V-Anschlüsse oben und unten auf dem Board bereitgestellt wird.

Sparkle programmieren

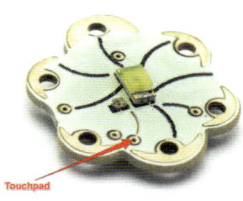

Touchpad

Zunächst muss das Sparkle Board in den Programmiermodus versetzt werden. Dazu muss man das Touchpad (siehe Bild neben Text) für etwa eine Sekunde drücken. Die kleine Status-LED hört auf zu leuchten und fängt stattdessen zu blinken an. Geht die LED erst ganz aus und blinkt dann nur noch selten auf, so befindet sich das Sparkle Board im Schlafmodus. Es kann jederzeit wieder aufgeweckt werden, in dem erneut auf das Touchpad gedrückt wird.

Während das Board im Programmiermodus ist, muss es vor den Bildschirm gehalten werden, damit ein neues Programm eingespielt werden kann. Gehe dazu auf folgende Homepage:

http://www.aniomagic.com/program/?hl=en

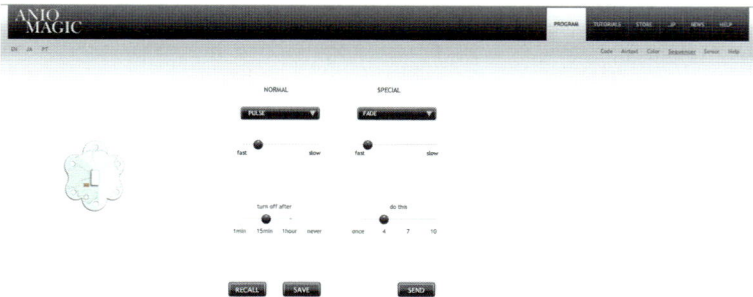

Wähle oben rechts in der Menüleiste der Webseite den Eintrag PRO-GRAM aus. Eine Zeile tiefer musst du SEQUENCER auswählen.

Schauen wir uns die Webseite etwas genauer an:

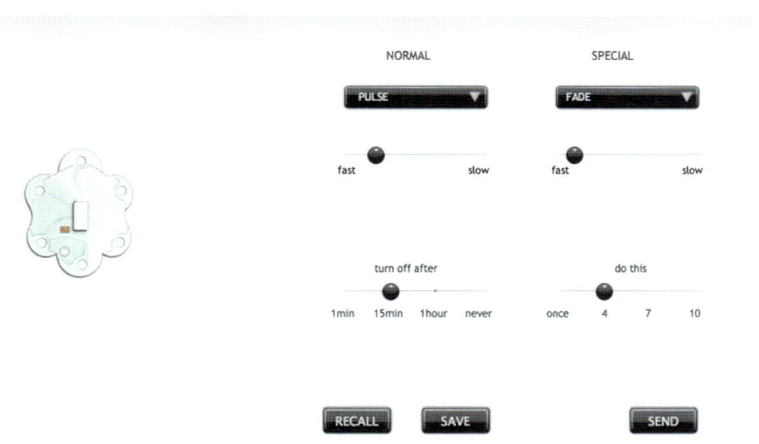

Links im Bild ist ein Sparkle Board abgebildet. Das ist die Stelle, vor die du das Sparkle Board halten musst, wenn es programmiert werden soll. Den Programmiervorgang startest du mit der SEND-Taste. Es gibt zwei Spalten: NORMAL und SPECIAL. Alles, was in der der NORMAL Spalte steht, wird immer und immer wieder durchgeführt – solange, bis die Zeit vergangen ist, die mit dem

Schieberegler »turn off after« eingestellt ist. Es gibt sechs vordefinierte Befehle, die in einer Auswahlbox aufgelistet sind. Im Screenshot oben ist gerade der Befehl PULSE ausgewählt und die zugehörige Geschwindigkeit ist in der Nähe von »fast«. Die LED auf dem Sparkle Board würde mit diesem Programm recht schnell pulsieren. Hier alle Befehle in einer Kurzübersicht:

- COUNTDOWN schaltet eine LED nach der anderen aus.
- FADE dimmt die LEDs der Reihe nach.
- PULSE lässt nur die LED in der Mitte blinken.
- IN-OUT faded zuerst die LEDs von außen nach innen und anschließend von innen nach außen.
- TWINKLE lässt die LEDs zufällig aufblitzen.
- TURN-OFF schaltet die LEDs aus.

Die gleichen Befehle existieren auch in der Auswahlbox der Zeile SPECIAL. Der Befehl dieser Spalte wird immer dann ausgeführt, wenn der Touchsensor gedrückt wurde oder ein Sensor ausgelöst hat. Mit einem Schieberegler kann eingestellt werden, wie oft dieser SPECIAL-Effekt ausgeführt wird.

Es gibt noch eine zweite Möglichkeit, wie das Sparkle Board programmiert werden kann. Auf der Webseite versteckt sie sich unter dem Punkt SENSOR (rechts von SEQUENCER).

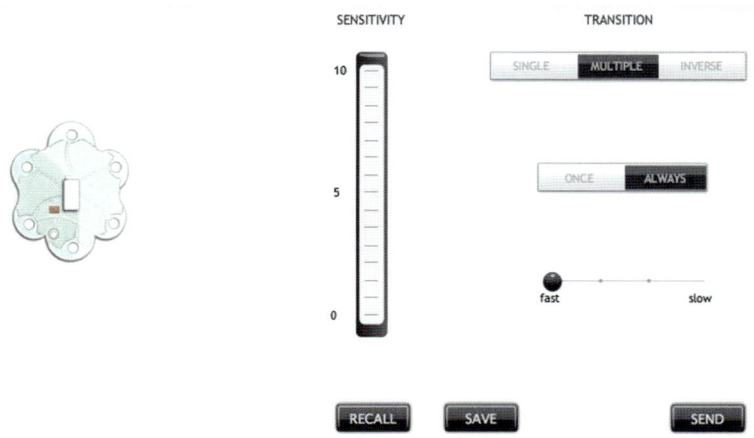

Wieder ist links das Sparkle Board zu sehen und rechts unten der SEND-Knopf. Die beiden Spalten heißen nun SENSITIVITY und TRANSITION. Die Empfindlichkeit des Sensors kann mit dem Schieberegler in der SENSITIVITY-Spalte eingestellt werden. Lass ihn auf 0 bis 10 stehen, wenn du den gesamten Wertebereich nutzen möchtest. Vielleicht reichen auch Werte im Bereich 3 bis 8 aus? Für den Soundsensor solltest du das Minimum des Wertebereichs auf 5 stellen und das Maximum auf 10. In der TRANSITION-Spalte wird festgelegt, was passieren soll, wenn der Sensorwert in den eingestellten Empfindlichkeitsbereich passt. SINGLE schaltet eine LED ein, MULTIPLE mehrere LEDs gleichzeitig und INVERSE ist das Gegenteil von MULTIPLE: Bei hohen Lautstärken sind weniger LEDs an als bei geringen Lautstärken. ONCE führt die Transition nur einmal aus und reagiert erst dann wieder, wenn sich der Sensorwert verändert hat. ALWAYS zeigt immer den aktuellen Sensorwert an. Wie schnell die Transition ablaufen soll, kann mit dem Schieberegler von fast bis slow eingestellt werden.

Projekt 18: Sparkle Kit auf T-Shirt nähen

Dieses Projekt nutzt nicht alle Komponenten des Sparkle Kits. Wir wollen nur das Sparkle Board, den Batteriehalter mit Batterie und zwei LED-Sequins verwenden. Natürlich kannst du auch mehr Sequins verwenden.

Du benötigst

- Sparkle Board
- Batteriehalter mit Knopfzelle
- Mindestens zwei LED-Sequins
- Leitendes Garn und eine passende Nadel

Planung

Das Projekt ist ganz einfach: Das Sparkle Board kommt in die Mitte, ein LED-Sequin wird links davon platziert, das zweite rechts neben dem Sparkle Board. Den Batteriehalter legst du weiter nach außen. Du kannst das Projekt auf jedem nicht leitenden Stoff platzieren, wie wäre es z.B. mit einem T-Shirt. Näh die Komponenten auf die Schulter und du hast mit sehr wenig Aufwand ein leuchtendes Shirt, das man nicht übersehen wird.

Schritt 1: Sparkle Board vorbereiten

Stell sicher, dass das Sparkle Board im BASIC-Mode ist. Die LED auf dem Board sollte blinken, wenn du es mit 3V versorgst. Falls nicht, schau oben nach, wie du das Board resettest und es in den BASIC-Mode versetzt.

Schritt 2: Nähen

Beginne mit der LED ganz rechts. Falls du auf ein T-Shirt nähst: Es ist die LED, die dem Kragen am nächsten ist. Nähe mit einem einfachen Faden eine Perle des LED-Sequins fest und geh mit wenigen Stichen zum rechten Datenkanal des Sparkle Boards. Stelle sicher, dass der Pluspol des Sparkle Boards nach oben zeigt. Er ist auf der Rückseite durch ein Plussymbol gekennzeichnet. Wiederhole diesen Schritt für die untere Perle.

Tipps zum Nähen der LED-Sequins: Stich nah an der Perle von unten durch den Stoff, einmal durch die Perle durch und dann wieder durch den Stoff nach unten. An etwa der gleichen Stelle wieder durch den Stoff nach oben nähen und dann so oft wie möglich durch die Perle nähen, ohne dabei durch den Stoff zu stechen. Am Ende noch einmal durch den Stoff und dann weiter zum Sparkle Board oder zu einem weiteren LED-Sequin.

Nähe nun die zweite LED links neben das Sparkle Board. Das sollte wenig Probleme bereiten, achte aber darauf, dass du oft genug durch die Perlen gehst, damit dort ein guter Kontakt entsteht.

Im letzten Schritt musst du links von der letzten LED den Batteriehalter anbringen. Nimm die Batterie aus dem Halter, falls sie eingelegt sein sollte. Nähe mit einem doppelten Faden vom Pluspol zum obersten Loch des Sparkle Boards. Der Pluspol der Batterie zeigt in diesem Fall also nach oben. Wiederhole den Schritt für den Minuspol. Wichtig ist, dass auf der Unterseite keine Fäden miteinander Kontakt haben!

Wenn du die Knopfzelle in den Batteriehalter einlegst (Plus nach oben) und den Schalter auf die ON Stellung bringst, sollten die LEDs und das Sparkle Board blinken.

Schritt 3: Blink-Sequenz ändern

Die LEDs können nach deinen Wünschen blinken. Probier doch ein mittelschnelles FADE im NORMAL-Modus und ein schnelles TWINKLE im SPECIAL-Modus, wenn das Touchpad kurz gedrückt wurde.

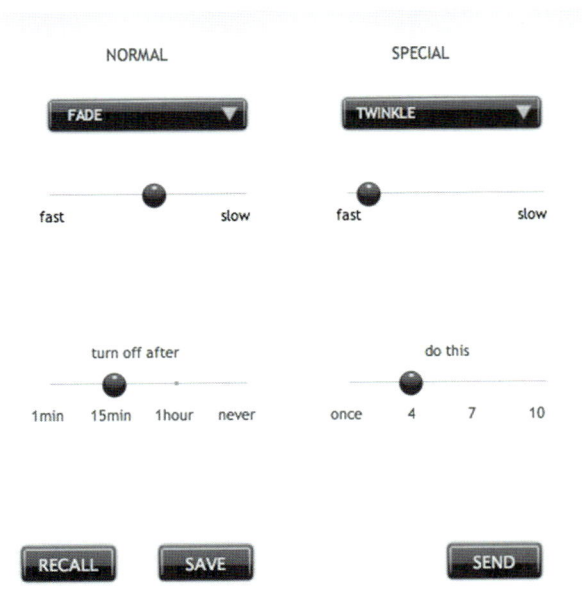

Projekt 19:
Sparkle-Sound-Kit-Armband

Du benötigst

- Aniomagic Sound Kit
- Nadel
- Klettverschluss oder anderes Band

Planung

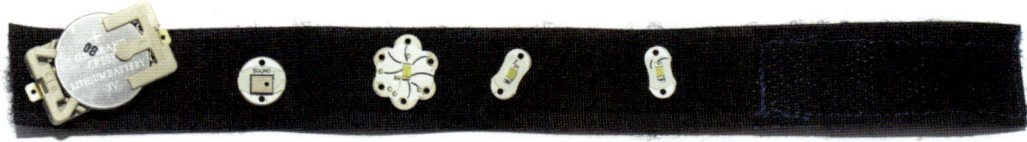

Um die Dinge einfach zu halten, packen wir das Aniomagic Board in die Mitte, links davon den Soundsensor und rechts davon die Lightboards mit einem Strich und zwei Strichen. Auf der Abbildung wird es schon ganz schön eng, deswegen muss der unförmige Batteriehalter schräg angebracht werden. Die Striche der Lightboards müssen nach oben zeigen. Der Pluspol des Sparkle Boards ist auf der Rückseite durch ein Plussymbol gekennzeichnet und muss ebenfalls nach oben zeigen. Der Soundsensor muss so angebracht werden, dass das Wort »SOUND« aufrecht steht.

Schritt 1: Sparkle Board vorbereiten

Das Sparkle Board muss im FEATURED-Mode sein. Resette es wie oben beschrieben solange, bis die LED nicht mehr blinkt. Das ist sehr wichtig, da man nur noch schlecht an das Reset-Pad kommt, wenn das Board erst einmal festgenäht ist.

Schritt 2: Nähen

Das Nähen ist einfacher als beim letzten Projekt, da die Lightboards sich leichter nähen lassen als die LED-Sequins. Beginne mit dem Lightboard ganz rechts. Nähe den Pluspol mit leitendem Garn (ein doppelter Faden schadet nicht) fest und verbinde ihn mit dem Pluspol der LED mit einem Strich und anschließend mit dem oberen rechten Loch des Sparkle Boards. Wiederhole den Schritt für den Minuspol, der im unteren rechten Loch des Sparkle Boards endet.

Weiter geht es auf der linken Seite: Der Pluspol des Soundsensors muss mit dem oberen linken Loch des Sparkle Boards vernäht werden und der Minuspol entsprechend mit dem unteren linken Loch. Lasse dabei genug Platz oben und unten, damit die Leitungen der Batterie genug Abstand haben!

Der Batteriehalter muss an den Pluspol (oberstes Loch) und Minuspol (unterstes Loch) genäht werden.

Schritt 3: Blinksequenz ändern

Diesmal wollen wir den Sensor-Bereich der Homepage verwenden (und nicht den Sequencer).

Es kommt etwas auf die Lautstärke an, die du erwartest. In einer Disco kannst du sicher höhere Werte erwarten als auf der Straße.

Experimentiere etwas mit den SENSITIVITY-Werten:

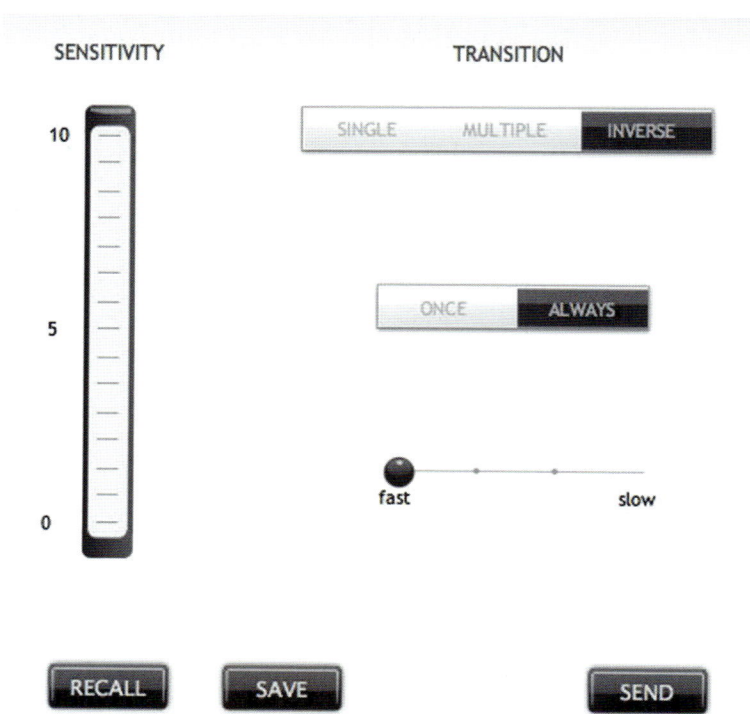

Die Sparkle Programmiersprache

Bei der Arbeit mit dem Sequencer und dem Sensor-Programmier-interface kommt man schnell an die Grenze. Wer mehr Kontrolle benötigt, kann das Sparkle Board in einer sehr einfachen Programmiersprache programmieren. Jedes Programm besteht aus Befehlen und Zahlen, die in Klammern verpackt sind. Eigene Programme müssen im Webbrowser geschrieben werden. Geh dazu auf die

Aniomagic Homepage und klicke in der Menüleiste auf PRO-
GRAM und dann im Untermenü auf Code.

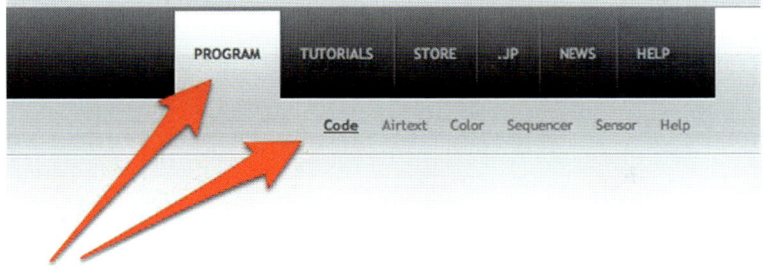

Es erscheint ein Editor, in den du Programmcode eingeben kannst.
Mit dem SEND-Knopf wird das Programm wie gewohnt an das
Sparkle Board geschickt, das du an die bekannte Stelle auf dem
Bildschirm halten musst. Ein einfaches Programm könnte wie folgt
aussehen:

```
(always
  (right 1)
)
```

Es beginnt mit einer geöffneten runden Klammer und endet mit
einer geschlossenen runden Klammer. Der erste Befehl heißt
always. Er besagt, dass alles, was nach ihm kommt, unendlich oft
wiederholt werden soll. Es gibt nur einen Befehl in diesem einfachen Bespiel: (right 1) schaltet die LEDs der Reihe nach von links
nach rechts an und wieder aus. Die 1 gibt dabei die Dauer dieses
Zyklus an und steht für etwa eine Sekunde. Lade das Programm auf
dein Aniomagic Sparkle Board im FEATURED-Mode mit mindestens zwei verbundenen Lightboards. Ändere die 1 in eine 2 oder
eine höhere Zahl und, du wirst merken, dass die LEDs langsamer
abwechselnd blinken.

Wenn du einen Soundsensor angeschlossen hast, ist dieser Code
interessant:

```
(always
  (if (> sensor 5)
    (right 2)
  )
)
```

Wenn der Sensorwert größer als 5 ist, wird der Befehl (right 2) ausgeführt. Die if-Abfrage kennen wir schon aus der Arduino Programmiersprache. Beachte, dass hier die Notation etwas anders ist als gewohnt. Das Größer-als-Zeichen (die spitze Klammer) steht vor dem Schlüsselwort sensor und dem Vergleichswert 5. Beachte auch, dass jeder Befehle mit einer geöffneten runden Klammer eingeleitet wird und mit einer geschlossenen runden Klammer beendet wird. Verwende kein Semikolon am Zeilenende! Das Semikolon wird beim Sparkle für Kommentare verwendet.

Im etwas mehrmals auszuführen, gibt es den repeat-Befehl. Als ersten Parameter nimmt er die Anzahl der Wiederholungen und dann folgen die Befehle, die wiederholt werden sollen. Um erst die LEDs von links nach rechts innerhalb von 2 Sekunden laufen zu lassen und anschließend von rechts nach links in derselben Zeit und das Ganze dann dreimal hintereinander, gefolgt von 10 Sekunden Pause, kann folgender Code hilfreich sein:

```
(always
  (repeat 3 (right 2) (left 2))
  (wait 10)
)
```

Zusammenfassung

Das Sparkle System von Aniomagic ist wirklich eine schöne Alternative zum LilyPad Arduino, vor allem für kleinere Projekte, die mit wenigen LEDs und Sensoren auskommen. In diesem Kapitel hast du gelernt, wie man einfache Projekte mit den verfügbaren Kits umsetzt. Du kennst den Unterschied zwischen BASIC und FEATURED Mode und weißt, wie man zwischen ihnen hin und her schaltet. Wie unterscheiden sich Lightboards von LEDBoards und LED Sequins? Hast du den Sequencer auf der Webseite benutzt? Teste alle Möglichkeiten aus und guck dir genau an, was COUNTDOWN, FADE, PULSE, IN-OUT, TWINKLE und TURN-OFF machen. Spiel mit den Geschwindigkeiten und finde Blinkmuster, die zu deinem Projekt passen. Für Profis ist am Ende des Kapitels eine grobe Befehlsübersicht der Sparkle-Programmiersprache gegeben. Wer viele Projekte mit dem Sparkle macht, wird früher oder später diese Programmiersprache ausprobieren wollen. Für umfangreichere Projekte wird man aber um einen LilyPad Arduino nicht herum kommen, auch wenn dieser etwas größer ist und sich nicht so schön in Kleidung einarbeiten lässt wie die Sachen von Aniomagic.

Im nächsten Kapitel hast du die Möglichkeit, die Grundlagen aus den ersten Kapiteln etwas zu vertiefen, indem du zwei größere Projekte nähst: eine Handtasche und einen Rock. Die Handtasche aus Filz wirst du mit einem LilyPad Arduino ausstatten, der prüft, ob ein Knopf geschlossen ist. Integrierte LEDs in der Tasche gehen an, wenn die Tasche geöffnet wird. So hast du eine beleuchtete Handtasche. Der LED-Matrix-Rock benutzt alle Pins der klassischen LilyPad Arduinos, um 8x8 (64) LEDs anzusteuern. Damit ist es möglich, beliebige Texte als Laufschrift auf dem Rock darzustellen. In der zweiten Hälfte des folgenden Kapitels werden ein paar Projekte und Personen vorgestellt, die als Inspiration für eigene Projekte dienen sollen. Schau dir die angegebenen Webseiten genauer an und finde im Internet mehr Informationen. Jeden Tag kommt ein neues spannendes Projekt hinzu, da kann dieses Buch nicht mithalten. Die Grundlagen für die meisten Projekte hast du nun allerdings gelernt, so dass es leicht sein sollte, weitere Projekte aus dem Internet nach zu bauen oder sie für eigene Ideen umzugestalten.

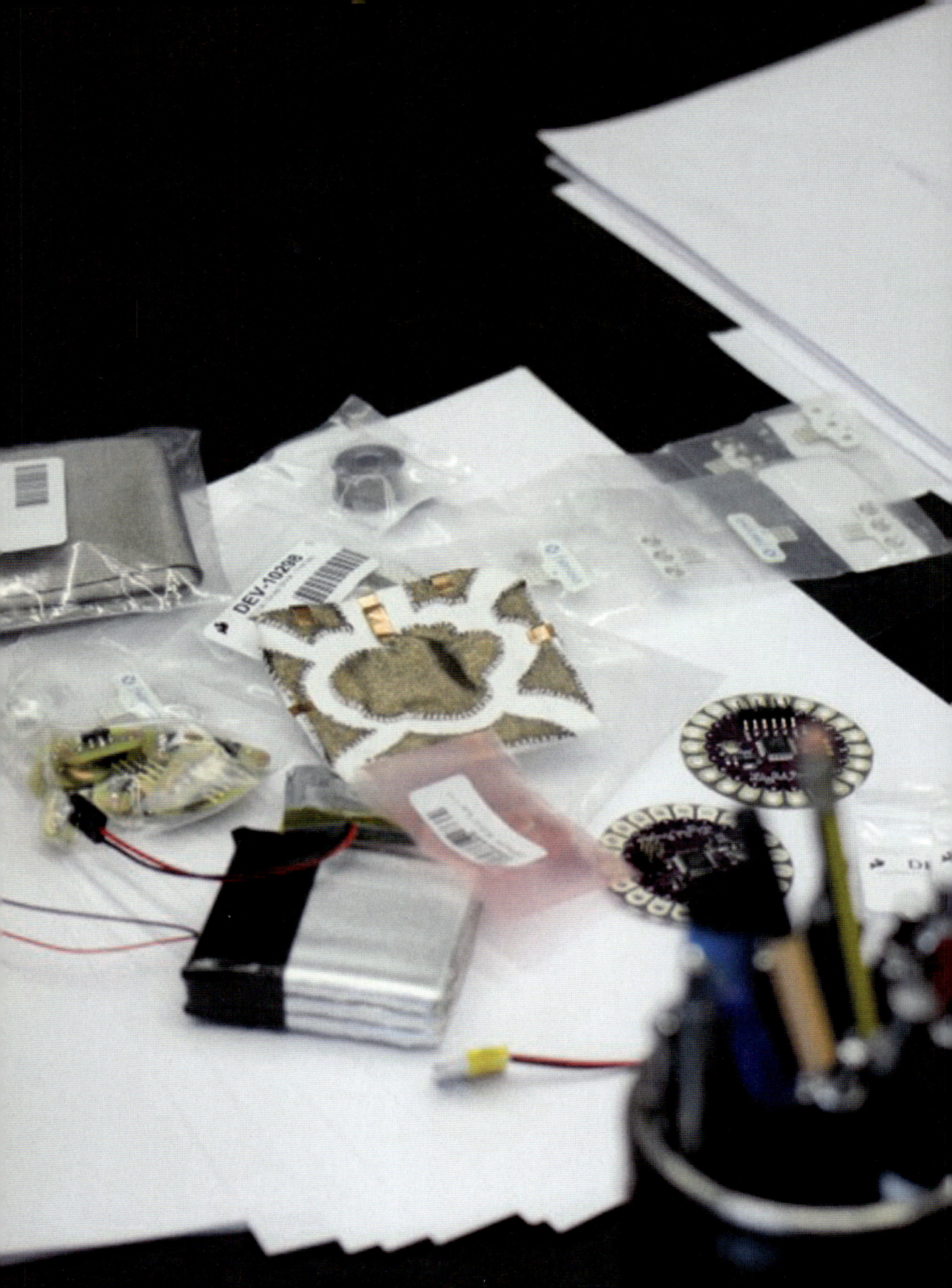

Projekte und Inspirationen

7

In diesem Kapitel gibt es zwei Nähprojekte: eine Handtasche und einen Rock.

Die beleuchtete Handtasche ist ein relativ einfaches Projekt, das man schnell zwischendurch machen kann. Es soll verdeutlichen, wie wichtig es ist, dass leitende Materialien und elektronische Komponenten in ein Textil eingearbeitet werden. Bei der Handtasche wird ein Arduino Simpleboard samt Batterie, einem Schalter und drei LEDs so in ein Stück Filz integriert, dass am Ende eine benutzbare Handtasche entsteht, die jedoch voller Elektronik steckt!

Der Matrix-Rock ist hingegen eine Art Meisterstück, das sowohl Fleiß als auch technisches Verständnis erfordert. 64 LEDs werden dabei verbaut, und das braucht seine Zeit, da alles ordentlich genäht werden muss! Auch die Software des Rockes ist relativ aufwendig und nicht mehr mit dem vergleichbar, was in den vorherigen Kapiteln programmiert wurde.

Nach diesen Projekten bist du kein Anfänger mehr! Du willst sicher eigene Projekte umsetzen und noch mehr Tricks kennenlernen.

In der zweiten Hälfte dieses Kapitels findest du Inspirationen. Es handelt sich um Projekte, die bekannte Mitglieder der Wearable-Computing-Szene erstellt haben. Es gibt zwar keine Schritt-für-Schritt-Anleitungen für diese Projekte in diesem Buch, aber die Vorstellungen können dir helfen, eigene Projekte zu entwerfen. Außerdem führen dich die Webseiten der Designerinnen zu weiteren Informationsquellen, die dir weiterhelfen werden.

Projekt 20:
Beleuchtete Handtasche

Dieses einfache Projekt zeigt technisch wenig Neues. Es ist jedoch ein schönes Beispiel für in Textilien integrierte Elektronik. Dadurch dass keine fertige Tasche um elektronische Komponenten erweitert wird, sondern die Tasche mit den Bauteilen Schritt für Schritt zusammengenäht wird, können die Nähte besser versteckt werden.

Du benötigst

- Filz 3mm dick
- Filz maximal 1mm dick
- LilyPad Arduino Simple Board
- LiPo Akku
- LED-Sequins: 3 Stück
- Magnetknopf aus Metall
- Leitendes und nicht leitendes Garn, Nähnadel
- Nähmaschine (optional)

Planung

Schneide aus dem dicken Filz eine Form aus, die an zwei Stellen zu einer Tasche gefaltet werden kann. Eine Faltkante gibt die Höhe der Tasche vor, die zweite trennt den Körper der Tasche von ihrem Deckel.

Folgende Zeichnung dient als Muster, zur Orientierung. Du kannst andere Formen und Dimensionen für deinen Entwurf verwenden.

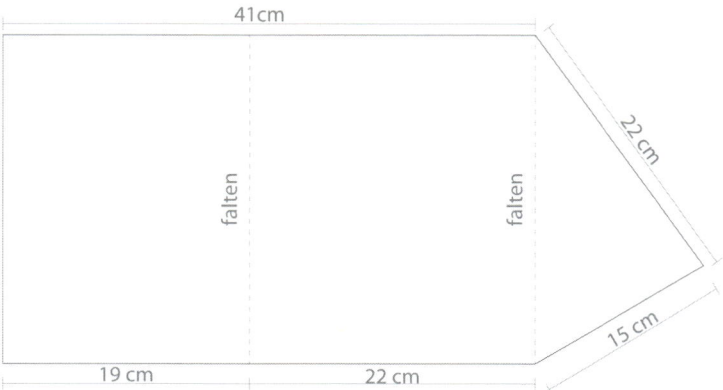

In der Zeichnung hat der Deckel eine dreieckige Form, während der Körper schlicht rechteckig aussieht.

Aus dem dünnen Filz schneidest du eine Form aus, die am Ende über dem Magnetknopf positioniert wird.

Schritt 1: Filz in Form bügeln

Falte den Filz und fixiere die Faltkanten mit dem Bügeleisen. In der Skizze sind die Faltkanten als gestrichelte Linien zu erkennen. Damit der Filz nicht schmilzt, sollte eine geringe Temperatur gewählt werden und ein Stück Papier zwischen Stoff und Bügeleisen liegen.

Schritt 2: Knopf befestigen

Der magnetische Knopf schließt die Tasche. Finde eine Position, an der er gut angebracht werden kann, und schneide zwei längliche Löcher in den Filz, damit die Beine hindurchpassen.

Die zweite Hälfte des Magnetknopfs soll auf der gegenüberliegenden Seite halten, also müssen auch dort zwei Löcher geschnitten werden.

Steck die Beine des Knopfs durch den Filz, lege die Unterlegscheibe darunter und biege die Beine nach außen. Ein paar Schläge mit dem Hammer können nicht schaden, damit der Knopf sicher im Material hält.

Schritt 3: LilyPad Arduino befestigen

Leg den LilyPad Arduino und die Batterie auf die Innenseite, wo sich die beiden Hälften des Knopfs später treffen. Zeichne die Umrisse von LilyPad Arduino und Akku mit Kreide ein und markiere den Minuspol.

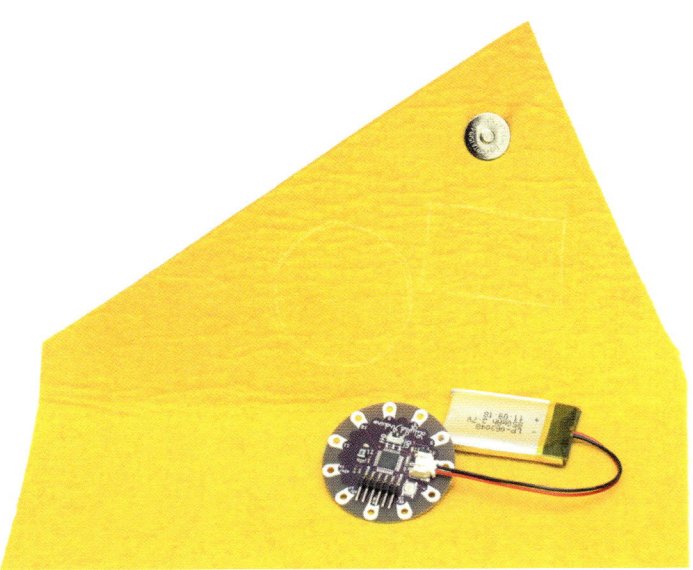

Richte den LilyPad Arduino dabei so aus, wie auf dem nächsten Foto angedeutet und nähe ihn an Pin 5 und 16 mit nicht leitendem Garn fest.

Schritt 4: LEDs nähen

Die drei LED-Sequins müssen so angeordnet werden, dass sie knapp unter der Faltkante des Filzes liegen. Ihre goldenen Perlen müssen in dieselbe Richtung zeigen. Verbinde den Minuspol des LilyPad Arduino mit einem langen, doppelten Faden aus leitendem Garn zur Kathode der ersten LED (silberne Perle). Nähe von dort aus durch die silbernen Perlen der beiden anderen LED-Sequins. An der letzten LED vernähst du den Faden, da er dort endet.

Beim Nähen solltest du nicht durch den Filz durchstechen, sondern die Nadel nur halb durch das Material stechen (siehe nächstes Foto), ähnlich wie bei dem Biegesensor aus Neopren.

Dadurch verschwindet der Faden im Material, so dass er später nicht von Gegenständen, die in der Tasche liegen, berührt oder zerrissen werden kann.

Nähe nun jeweils einen doppelten Faden aus leitendem Garn von Pin 17, 18 und 19 zu jeweils einer Anode (goldene Perle). Idealerweise würdest du im großen Bogen um die LEDs herum nähen, um nicht versehentlich den Faden mit dem Minuspol zu kreuzen. Um zu demonstrieren, wie ungünstig es ist, die Fäden an der Oberfläche entlangzuführen, werden wir im Buch die drei Anoden mit direkten Fäden an der Filz-Oberfläche vernähen. Das spart Garn und Zeit und ist am Ende nicht so kritisch, da wir es in einem späteren Schritt isolieren werden. Wer mehr Geduld hat, sollte lieber nur halb durch den Stoff nähen und dabei um die LEDs herum nähen (und nicht zwischen ihnen hindurch).

Das folgende Foto zeigt die drei LEDs (oben im Bild) und das Lily-Pad Arduino Simpleboard mit LiPo-Akku in der Mitte. Unten ist eine Seite des Magnetknopfs zu sehen. Das alles ist die Innenseite des Deckels, der später die Tasche verschließt.

Schritt 5: Knopf verbinden

Die meisten Knöpfe aus Metall haben einen Schutzlack, damit sie nicht rosten. Diese Schutzschicht musst du mit einer Feile entfernen. Zerkratze dafür die Oberfläche des Knopfs (beide Hälften!) und auch die Rückseite sollte nicht verschont bleiben! Wer auf Nummer sicher gehen will, nimmt das Multimeter und piepst mit dem Durchgangsprüfer von der Unterseite zur Oberseite. Ein guter Kontakt ist sehr wichtig für dieses Projekt!

Nun nähst du ein paar Mal durch die Unterseite des Knopfs (die mit den zur Seite gebogenen Beinen) hindurch. Dafür nimmst du wie immer einen doppelten Faden aus leitendem Garn.

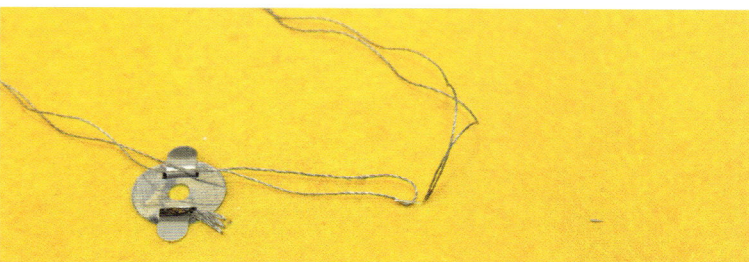

Eine Knopfhälfte muss mit dem Minuspol des LilyPad Arduinos verbunden werden, die andere mit Pin 9. Nähe zunächst mit einem langen Faden die weit entfernte Knopfhälfte hoch zum LilyPad Arduino. Auch hier sollte die Nadel nicht durch den Stoff hindurchgesteckt werden, sondern nur halb durch ihn hindurchgehen. Die eigentliche Naht bleibt so auf der gesamten Länge unsichtbar!

Der Faden wird am Minuspol des LilyPad Arduinos angeschlossen.

Die zweite Knopfhälfte ist noch einfacher zu nähen: Wieder ein paar Mal durch die Rückseite stechen und dann eine unsichtbare Naht bis zu Pin 9 des LilyPad Arduinos nähen.

Am Ende sieht das Ganze so aus. Obwohl man Garn in den Löchern des Simpleboards sieht, erkennt man keine Nähte (außer den drei zu den LED Anoden hin, die man aber, wie oben beschrieben, besser vermeiden sollte).

Kapitel 7: Projekte und Inspirationen

Schritt 6: Isolieren

Dieser Schritt ist optional und muss nur durchgeführt werden, wenn die Anoden der LEDs nicht unsichtbar genäht wurden.

Bügle einen Streifen Vliesoline (oder Vliesofix mit einem beliebigen weißen Stoff auf der Rückseite) über die LEDs und die Nähte, die zu den LED-Sequins führen. Besser gesagt: Versuche, nicht über die LEDs zu bügeln, sondern um sie herum. Die Vliesoline sollte die LEDs jedoch bedecken.

Dieser Schritt kann auch ausgeführt werden wenn die Nähte unsichtbar sind, denn durch den weißen Streifen wird das Licht der LEDs gedämpft. Es wirkt dann weicher. Wenn man ohne einen solchen Streifen direkt in die LED schaut, blendet das grelle Licht sonst unangenehm, und gut für die Augen ist es ohne diesen Schutz auch nicht. Die LEDs scheinen dadurch allerdings ein wenig dunkler.

Schritt 7: Das Batteriefach

Schneide eine beliebige Form aus, die größer ist als der verwendete Akku. Bügle den Stoff mit Vliesofix an drei Kanten auf die Innenseite der Handtasche, direkt neben den LilyPad Arduino.

Der Akku sollte darin genug Platz finden, aber auch nicht zu locker sitzen, damit er nicht herausrutschen kann. Das Kabel kann mit in die Halterung geschoben werden, so dass nur der Stecker nach außen geführt wird und mit dem Gegenstück auf dem Simpleboard verbunden werden kann.

Schritt 8: Filz zusammennähen

Diesen Schritt solltest du mit einer Nähmaschine durchführen. Allerdings sind nicht alle Maschinen stark genug, um durch zwei Lagen Filz zu nähen. Verwende eine spitze Nadel!

Nachdem du den Filz an der zweiten Faltkante zusammengeklappt hast, nähst du mit nicht leitendem Garn die Seiten ab.

Wenn du die Rückseite des Knopfs am Ende noch mit einem Stück Filz und Vliesofix abdeckst, sieht die Tasche am Ende so aus:

Schritt 9: Das Programm für die Tasche

```
Datei  Bearbeiten  Sketch  Tools  Hilfe
```

Handtasche

```
void setup()
{
  //Ausgänge
  pinMode(17, OUTPUT);
  pinMode(18, OUTPUT);
  pinMode(19, OUTPUT);

  //Eingang mit Pull-Up Widerstand
  pinMode(9, INPUT);
  digitalWrite(9, HIGH);
}

void loop()
{
  digitalWrite(17, digitalRead(9));
  digitalWrite(18, digitalRead(9));
  digitalWrite(19, digitalRead(9));
}
```

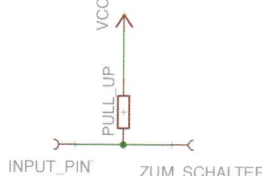

Die LEDs sollen angehen, wenn die Tasche geöffnet wird. Sie sollen aus sein, wenn die Tasche geschlossen ist. Dafür muss das Programm prüfen, ob Pin 9 mit dem Minuspol verbunden ist (Tasche geschlossen) oder nicht. Falls die Tasche geöffnet ist, ist der Wert an Pin 9 nicht definiert, d.h. er ist nicht automatisch HIGH. Um das zu erzielen, gibt es einen Trick: Ein sogenannter Pull-up-Widerstand wird im Mikrocontroller aktiviert. Er sorgt dafür, dass an einem Eingangspin 5V anliegen, wenn ein Schalter geöffnet ist. Wird der Schalter geschlossen, liegen dann 0V an und der digitalRead()-Befehl liest den Wert LOW. Nun zur Programmlogik: In der setup()-Funktion werden die Ausgänge an Pin 17, 18 und 19 vorbereitet. Pin 9 wird als Eingang definiert und direkt im Anschluss wird mit digitalWrite(9, HIGH) der eingebaute Pull-up-Widerstand aktiviert.

In der loop()-Funktion werden die Ausgänge auf den Wert gesetzt, der an Pin 9 gelesen wird. Ist Pin 9 LOW, ist die Tasche geschlossen und die LEDs bleiben aus. Ist die Tasche geöffnet, liegt an Pin 9 das HIGH Signal an und die LEDs werden eingeschaltet. Sehr einfach!

Das Programm kann mit dem USB-Programmiergerät wie gewohnt hochgeladen werden. Der Schalter auf dem Simpleboard sollte vorsichtshalber auf OFF stehen. In dieser Konfiguration kann auch der Akku via USB geladen werden, ohne dass man ihn aus dem Batteriefach nehmen muss.

Hier der Link zum Programmcode im Internet:

http://tinyurl.com/mtw-handtasche

Projekt 21: LED-Matrix-Rock

Dieses Abschlussprojekt ist keine Fingerübung für zwischendurch! Plane viel Zeit ein und verteile die Arbeit am besten über mehrere Tage. Es zeigt, was mit 64 LEDs möglich ist, wenn man ein paar Tricks anwendet. Das Programm ist recht komplex und muss nicht vollständig verstanden werden.

Es handelt sich um einen Rock mit 64 LEDs. Sie sind in einer Matrix von 8x8 angeordnet. Diese Matrix ist ein Display, auf dem Texte dargestellt werden können. Mit diesem Rock wird man nicht übersehen und anstelle einfacher Blinkzeichen kann man hier ganze Texte erscheinen lassen!

Das Projekt ist von einem Tank-Top abgeleitet, das Professor Leah Buechley als LED-Display verwendet hat:

http://web.media.mit.edu/~leah/grad_work/diy/diy_tank.html

Der Matrix-Rock wurde von Mariana Bocoi für dieses Buch entworfen und genäht. Die finale Software stammt ebenfalls von ihr. Details zu dem Projekt und weitere Projekte kann man auf ihrer Homepage finden:

https://sites.google.com/site/craftexperiments/wearables

Du benötigst

- LilyPad Arduino klassisch, nicht das Simpleboard
- Rock (fertig kaufen, es wird nicht erklärt, wie man ihn näht)
- Leitendes Garn (viel!)
- Nicht leitendes Garn
- Nähmaschine

- 64 LED-Sequins (siehe Kapitel 4)
- LiPo Akku
- LilyPad Battery Connect (DEV-10083) oder LilyPad Simple Power (DEV-10085)
- Stecknadeln (mindestens 32 Stück)

Planung

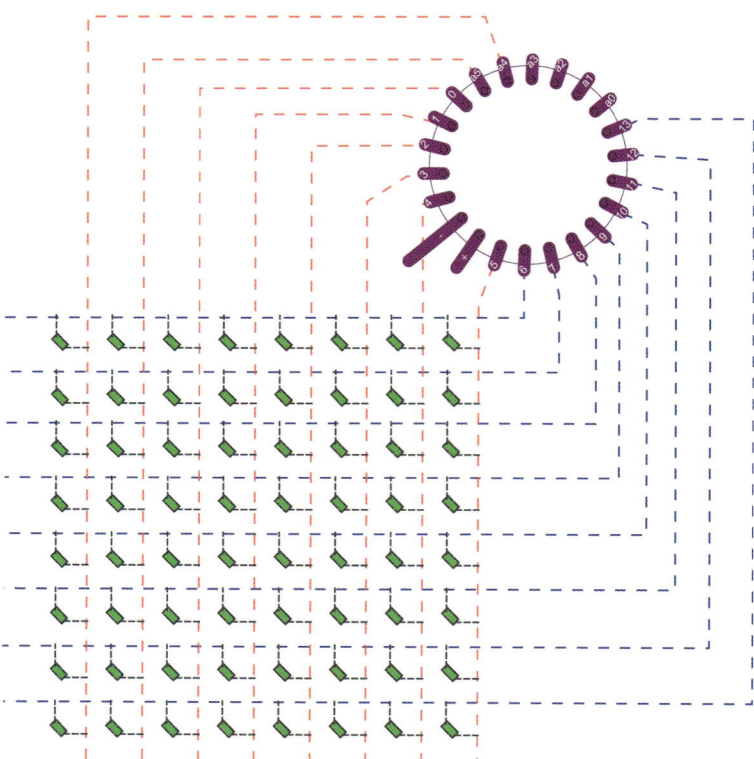

Das Bild zeigt die Innenseite des Rocks. Der LilyPad Arduino ist dort aufgenäht. Die LEDs befinden sich hingegen auf der gegenüberliegenden Seite: der Außenseite. Sonst könnte man sie ja nicht sehen. Die Zeichnung dient als Plan, und in den kommenden Absätzen werden viele Wörter versuchen, die Umsetzung des Plans zu erklären. Es lohnt sich jedoch, häufig auf dieses Bild zurückzukommen und genau hinzuschauen, wie was verbunden werden muss.

Schritt 1: LED-Sequins herstellen

Bevor es losgeht, benötigst du 64 LED-Sequins. Ein paar mehr schaden nicht, falls welche verloren gehen oder Perlen verstopft sind. Alternativ kannst du auch LilyPad SMD-LEDs verwenden, allerdings wird die Matrix dadurch größer und passt so nicht mehr auf jeden Rock. Selbst hergestellte LED-Sequins sind in dieser Stückzahl außerdem spürbar günstiger. Alle LEDs müssen die gleiche Farbe haben!

Theorie: Wie funktioniert die Matrix?

Du hast dich sicher schon gefragt, wie 64 LEDs an 16 Pins angeschlossen werden sollen. Die Zeichnung oben gibt zwar die konkrete Antwort, aber wie funktioniert diese LED-Matrix eigentlich grundsätzlich? Führen wir dieses Problem einfachheitshalber auf eine 3x3-Matrix mit 9 LEDs zurück. Die Kathoden der LEDs sollen mit den drei Spalten verbunden werden, die Anoden mit den drei Zeilen. Als Schaltplan sieht das Ganze so aus:

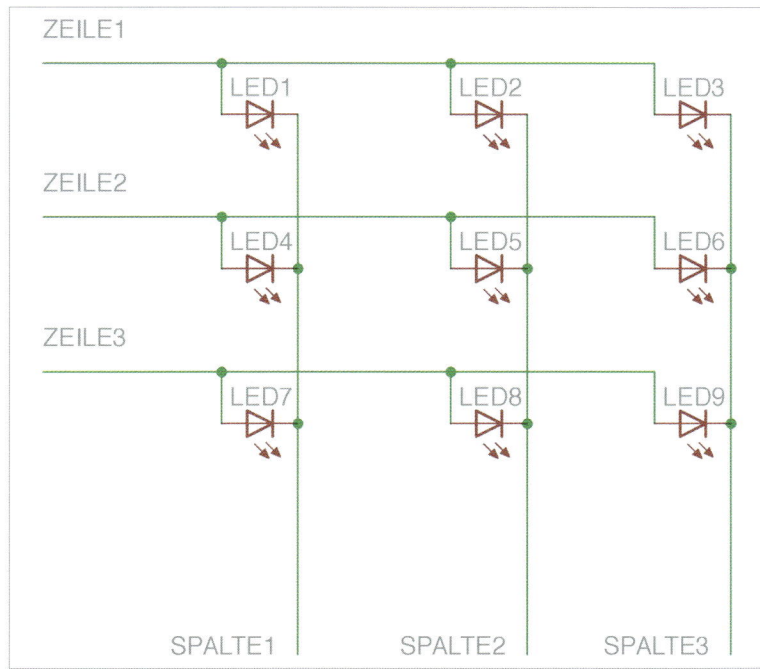

Schaltpläne verstehen

Beachte, dass es im Schaltplan keine Verbindung gibt, wenn zwei Linien sich kreuzen. Nur dort, wo ein Punkt ist, sind zwei Linien miteinander verbunden. Das gilt überall, wo die Linie nicht offensichtlich einen Knick macht. Sprich: Wenn es eindeutig ist, wie eine Linie weitergeführt wird, dann braucht man keinen Punkt. An allen Stellen, wo ein T-Stück oder sogar ein Kreuz entsteht, existiert hingegen keine Verbindung, wenn kein Punkt an der Stelle ist.

Nun geht man wie folgt vor: Alle Spalten werden positiv geschaltet, alle Zeilen negativ. Die LEDs leuchten nicht. Um nun LED 1 einzuschalten, wird Zeile 1 positiv geschaltet und Spalte 1 negativ. Keine andere LED kann leuchten. Um nicht LED 1, sondern LED 5 einzuschalten, muss Zeile 2 positiv sein und Spalte 2 negativ. LED 3: Zeile 1 positiv und Spalte 3 negativ usw. Nachdem die LED an war, muss wieder in die Ausgangssituation zurückgeschaltet werden: alle Spalten positiv, alle Zeilen negativ setzen.

So kann jede LED einzeln angesteuert werden und das Beste daran ist: Man kann 9 LEDs mit nur 6 Pins steuern (3 Spalten + 3 Zeilen). Wenn du die Matrix auf 8x8 erweiterst, kannst du mit 16 Pins 64 LEDs ein- und ausschalten! Allerdings hat dieses Verfahren einen scheinbaren Nachteil: Wie kann man LED 4, LED 5 und LED 7 gleichzeitig einschalten und alle anderen LEDs auslassen? Die Zeilen 2 und 3 müssen positiv sein, Spalte 1 muss negativ sein. So leuchten schon mal LED 4 und LED 7 wie gewünscht. Aber wenn nun Spalte 2 ebenfalls negativ beschaltet wird, geht zwar LED 5 wie gewünscht an, mit ihr aber auch LED8 – und das ist unerwünscht! Es gibt offensichtlich keine Lösung für dieses Problem. Aber müssen die LEDs alle gleichzeitig an sein? Es reicht eigentlich aus, wenn sie lange genug an sind, dass es den Eindruck macht, als wären sie gleichzeitig an. Die menschliche Sinneswahrnehmung ist zum Glück nicht unendlich schnell und deswegen nehmen wir ein sehr schnelles Flackern als kontinuierliches Signal auf. Das bedeutet: Wenn die LED nur schnell genug ein- und ausgeschaltet wird, kommt das Auge (und das Gehirn) nicht mit und wir nehmen eine dauerhaft leuchtende LED wahr. Der Mikrocontroller vom LilyPad Arduino ist mehr als schnell genug für diese Aufgabe und handelsübliche LEDs schalten schnell genug. Also der neue Plan: Erst LED 4 kurz einschalten, dann wieder ausschalten. Dann LED 5 ein- und ausschalten und schließlich LED 7 ein- und ausschalten und das Ganze beliebig oft wiederholen. Dann sehen wir drei dauerhaft leuchtende LEDs – mehr kann man sich doch kaum noch wünschen! Natürlich kann man den Trick optimieren, indem man spaltenweise die LEDs blinken lässt, aber ohne Optimierung klappt das bei 9 LEDs problemlos und bei 64 LEDs mit dem LilyPad Arduino auch noch ganz gut. So viel zur Theorie. Wie das tatsächlich in Software funktioniert, sehen wir später. Jetzt geht es erst noch weiter mit den Näharbeiten, denn du bist leider noch lange nicht bei den ultraschnell blinkenden LEDs angekommen.

Schritt 2: Zeichnen

Leg den LilyPad Arduino so auf den Stoff, dass er relativ mittig auf der Vorderseite des Rocks liegt. Zeichne den Umriss der Platine auf den Stoff und markiere die Löcher. Vor allem Pluspol und Minuspol sollten sauber markiert werden. Plane für die LED-Sequins ausreichend Platz ein und zeichne dann ein Gitter mit gleich großen Zellen auf den Stoff. Verwende Kreide und ein Lineal.

Markiere die Zellen mit Stecknadeln. Du brauchst 64 Stecknadeln für diesen Schritt, wenn du jede Zelle einzeln markierst. Schau dir das nächste Bild genau an, dann siehst du, wie du auch mit 32 Stecknadeln eine ausreichende Markierung schaffen kannst, indem du die Stecknadeln flach durch den Stoff steckst.

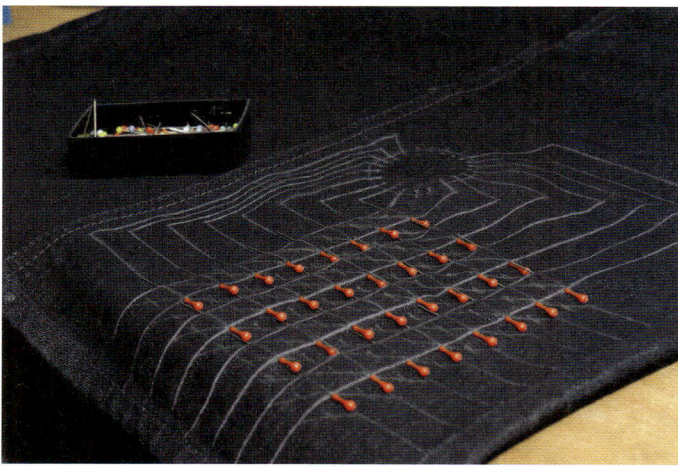

Die Stecknadeln sind auf der Rückseite sichtbar oder zumindest angedeutet. Übertrage mit ihrer Hilfe die Linien auf die Rückseite.

Schritt 3: Das Gitter nähen

Leg leitendes Garn als Unterfaden in die Nähmaschine.

Als Oberfaden musst du nicht leitendes Garn verwenden!

Nähe die gezeichneten Zeilen (waagerechte Linien) von der Oberseite aus nach (das leitende Garn des Unterfadens ist somit auf der Innenseite des Rocks). Drehe dann den Rock auf links und nähe die Spalten (senkrechte Linien) von der Unterseite aus nach.

Dadurch kannst du die Nähte von Zeilen und Spalten kreuzen lassen, ohne dass sie Kontakt zueinander haben. Das liegt daran, dass die leitenden Unterfäden durch den Stoff isoliert sind. Leitendes Garn der Unterseite bekommt keinen Kontakt zu leitendem Garn auf der Oberseite. Aber Vorsicht: Wenn die Nähmaschine nicht richtig eingestellt ist (falsche Fadenspannung), kann es zu Problemen kommen! Prüfe mit dem Multimeter (Durchgangsprüfer), ob keine Verbindung zwischen Zeilen und Spalten besteht!

Es ist auch möglich, das Gitter von Hand zu nähen. Achte darauf, dass Zeilen und Spalten sich nicht berühren. Es ist fast wie beim Weben: die Zeilen unter den Spalten durchführen, innerhalb der Zellen auf der Oberfläche bleiben und vor der nächsten Spalte wieder auf die Unterseite stechen. Von Hand dauert das Ganze aber noch länger und kann deswegen nicht empfohlen werden. Gerade Linien sind auch für Anfänger mit einer Nähmaschine kein Problem.

Schritt 4: Verbindung zum LilyPad Arduino

Die Verbindungen zum LilyPad Arduino können nicht mit der Nähmaschine abgeschlossen werden. Du musst das letzte Stück von Hand nähen. Schau genau auf die Zeichnung im Abschnitt Planung: Die Zeilen werden an Pin 13, 12, 11, 10, 9, 8, 7 und 6 genäht und die Spalten an Pin 5, 4, 3, 2, 1, 0, A5 und A4.

Schritt 5: LEDs verbinden

Leg die LEDs diagonal in die Zellen. Verbinde die Anoden mit der Zeile, die über der LED verläuft und die Kathode mit der Spalte, die links von der LED liegt. Die LEDs musst du von Hand annähen.

Schritt 6: LEDs testen

Dieser Schritt ist etwas problematisch, wenn du kein geeignetes Netzteil hast. Ideal ist ein Labornetzteil, das auf 3V-Spannung eingestellt wird. Pluspol an Zeile 1 anschließen, Minuspol an Spalte 1. Die erste LED sollte leuchten – und zwar nur die erste. Dann den Minuspol an die zweite Spalte anschließen usw. und so alle LEDs einzeln prüfen. Das Ganze geht auch mit dem LiPo-Akku, aber du musst vorsichtig sein. Wenn die LED nicht direkt angeht, lieber mit dem Multimeter auf einen Kurzschluss prüfen!

Wenn dieser Test erfolgreich war, kannst du folgendes Testprogramm (siehe Abbildung unten) auf den LilyPad Arduino aufspielen.

Stell die Versorgungsspannung des Watterott FTDI Adapters auf 3,3V!

http://tinyurl.com/mtw-rockTest

Alle LEDs sollten nun dauerhaft leuchten. Lass das Testprogramm nicht zu lange laufen, da die LEDs sonst kaputtgehen können.

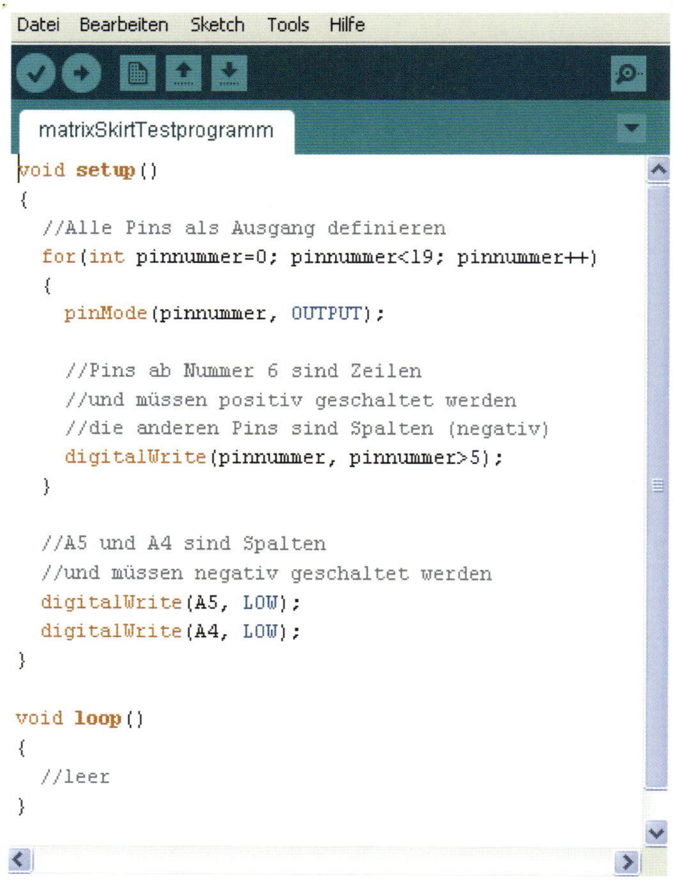

```
Datei  Bearbeiten  Sketch  Tools  Hilfe

matrixSkirtTestprogramm
void setup()
{
  //Alle Pins als Ausgang definieren
  for(int pinnummer=0; pinnummer<19; pinnummer++)
  {
    pinMode(pinnummer, OUTPUT);

    //Pins ab Nummer 6 sind Zeilen
    //und müssen positiv geschaltet werden
    //die anderen Pins sind Spalten (negativ)
    digitalWrite(pinnummer, pinnummer>5);
  }

  //A5 und A4 sind Spalten
  //und müssen negativ geschaltet werden
  digitalWrite(A5, LOW);
  digitalWrite(A4, LOW);
}

void loop()
{
  //leer
}
```

Kapitel 7: Projekte und Inspirationen

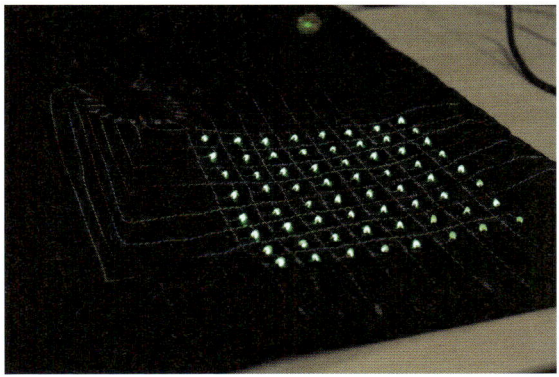

Schritt 7: Das richtige Programm

Den Rock hat Mariana Bocoi entworfen und sie hat auch direkt eine Arduino Library entwickelt, die den Entwicklungsaufwand für Rock-Software minimiert. Du findest die aktuelle Version ihrer Software unter folgendem Link:

https://github.com/mariana-b/LEDMultiplexMatrix

Du kannst den Quellcode auch als ZIP-Datei unter dieser Adresse herunter laden:

http://tinyurl.com/mtw-MatrixSkirt

```
#include <LEDMultiplexMatrix.h>

// Scrolling a string to the right
// by Mariana Bocoi <http://www.craft-experiments.de>
// Demostrates how to scroll the String "Hello World!" with the LEDMultiplexMatrix library.
// Created 2 April 2012

  //array for row pin mapping (bottom to top)
  int rowPins[8] = {13,12,11,10,9,8,7,6};
  //array for column pin mapping (right to left)
  int columnPins[8] = {5,4,3,2,1,0,A5,A4};

LEDMultiplexMatrix matrix = LEDMultiplexMatrix( rowPins ,columnPins);

void setup(){
}

void loop(){
  //Scrolls the "Hello World!" string from the to the left side
  matrix.scrollStringLeft("Hello World!");
  //Scrolls 8 empty columns to the left one by one
  matrix.scrollSpacesLeft(8);
}
```

Die Library installieren

Deine Arduino IDE speichert alle Sketche (Arduino Programme) in ein sog. Sketchbook. Das ist ein Ordner auf Deiner Festplatte. Um diesen Ordner zu bestimmen, musst du in die Einstellungen der Arduino IDE gehen. Unter Mac OS X klickst du dafür in der Menüleiste oben links auf »Arduino« und dort auf »Preferences«. Es erscheint ein neuer Dialog, der u.a. ein Textfeld enthält, das den Pfad zum Sketchbook enthält. Mein Sketchbook liegt im Verzeichnis /Users/rbohne/Documents/Arduino.

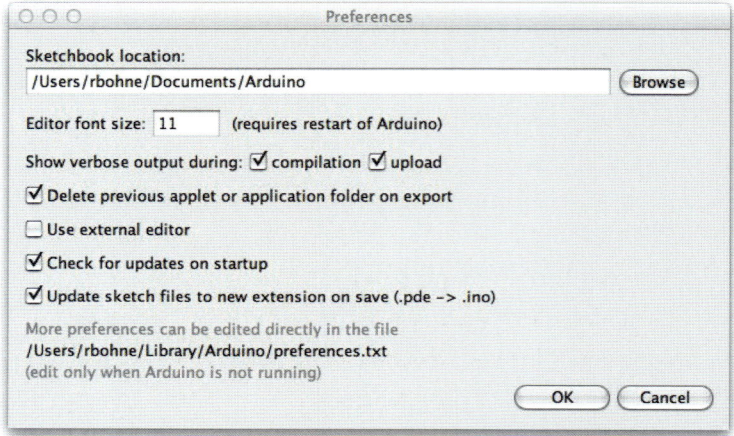

Das klingt kompliziert, ist aber eigentlich sehr einfach: meist ist es ein Ordner mit dem Namen »Arduino« in deinen eigenen Dateien, bzw. dem Verzeichnis, in dem normalerweise neue Dokumente angelegt werden.

Öffne das Sketchbook-Verzeichnis und prüfe, ob darin ein Unterverzeichnis mit dem Namen »Libraries« enthalten ist. Falls nicht, erstelle ist.

Entpacke die ZIP-Datei mit der Programmbibliothek für den Matrix-Rock. Darin befindet sich ein Unterverzeichnis mit dem Namen »LEDMultiplexMatrix«. Kopiere dieses Unterverzeichnis in das libraries-Verzeichnis in deinem Sketchbook.

Starte die Arduino IDE neu.

Du kannst die LEDMultiplexMatrix-Library nun in deinen Arduino Projekten benutzen.

Das musst du das erste Beispiel auf den Rock hochladen.

Wenn die Library erfolgreich installiert wurde, kannst du nun das erste Beispiel auf den Rock hochladen. Gehe in der Arduino-IDE auf File → Examples → LEDMultiplexMatrix → HelloWorld

Falls dieses Beispiel nicht erscheint, ist die Library nicht korrekt installiert. Überprüf die Verzeichnisse und stelle sicher, dass du die Arduino IDE neu gestartet hast.

Das Programm ist sehr einfach:

```
#include <LEDMultiplexMatrix.h>

// Scrolling a string to the right
// by Mariana Bocoi <http://www.craft-experiments.de>
// Demonstrates how to scroll the String "Hello World!" with the LEDMultiplexMatrix library.
// Created 2 April 2012

  //array for row pin mapping (bottom to top)
  int rowPins[8] = {13,12,11,10,9,8,7,6};
  //array for column pin mapping (right to left)
  int columnPins[8] = {5,4,3,2,1,0,A5,A4};

LEDMultiplexMatrix matrix = LEDMultiplexMatrix( rowPins ,columnPins);

void setup(){
}

void loop(){
  //Scrolls the "Hello World!" string from the to the left side
  matrix.scrollStringLeft("Hello World!");
  //Scrolls 8 empty columns to the left one by one
  matrix.scrollSpacesLeft(8);
}
```

Zunächst werden die Zeilen in dem Array rowPins festgelegt. In unserem Fall sind das die Pins 13,12,11,10,9,8,7 und 6. Die Spalten werden im Array columnPins definiert. Für unseren Rock sind das die Pins 5,4,3,2,1,0, A5 und A4. Du musst den Code nicht anpassen, da genau die richtigen Pins bereits in den Feldern eingetragen sind.

Programmierer lesen die Zeile

```
LEDMultiplexMatrix matrix = LEDMultiplexMatrix(rowPins, columnPins);
```

wie folgt:

Es wir eine Instanz der Klasse `LEDMultiplexMatrix` angelegt, die den Namen matrix trägt und mit den Parametern rowPins und column-Pins instanziert wird. Vereinfacht gesprochen bedeutet das: es gibt nun ein neues Sprachelement für unser Arduino-Programm und es heisst matrix.

In der loop()-Funktion wird dieses Sprachelement verwendet. Der Befehl `matrix.scrollStringLeft("Hello World!");` sorgt dafür, dass der Text »Hello World« von rechts nach links über den Rock gescrollt wird. Du kannst den Text später ändern, lass aber erst alles, wie es ist. Der Befehl `matrix.scrollSpacesLeft(8);` löscht alle 8 Spalten des Rocks. Dann wird die loop-Funktion erneut aufgerufen und der Text scrollt erneut. Das wiederholt sich beliebig oft.

Mit dem USB-Adapter kannst du das Beispiel auf den Rock hochladen. Der Text sollte nun über den Rock laufen. Ändere die Botschaft nach deinen Vorstellungen und probier auf die anderen Beispiele aus, die du unter File → Examples → LEDMultiplexMatrix → ... finden kannst.

Schritt 8: Batterie verbinden

Nachdem das gewünschte Programm auf den LilyPad Arduino gespielt wurde, kannst du den USB-Adapter trennen.

Als nächstes muss der LiPo Akku mit dem LilyPad Arduino verbunden werden. Nähe dazu zwei Nähte zu einem LilyPad Battery Connector oder LilyPad Simple Power. Eine Naht verbindet die Pluspole, die andere die Minuspole. Den Akku steckst du anschließend in die vorgesehene Buchse. Der Text sollte wieder über den Rock laufen. Falls das nicht passiert, zieh den Akku so schnell wie möglich ab und prüfe die Verbindungen erneut mit einem Multimeter. Wenn alles problemlos funktioniert, kannst du den Rock anziehen.

Kapitel 7: Projekte und Inspirationen

Amy Winters

Amy Konstanze Mercedes Rainbow Winters ist eine New-Media Künstlerin und Modedesignerin, die Fashion, visuelle Kunst, Musik, Film, Tanz und Theater zusammen bringt. Die britisch-schweizerische Künstlerin hat einen Bachelor-Abschluss in Theaterdesign von der University of the Arts London, Central Saint Martins.

Rainbow Winters bringt den 'wow'-Faktor in die Unterhaltungs-, Mode- und Werbeindustrie durch ihr interaktives Wearable Design. Sie erzeugt dabei ein multisensorisches Erlebnis (Touch-Sense-Sound).

Unter dem Label Rainbow Winters zeigt sie radikal neue Ansätze. Wissenschaft und High-Art Fashion fusionieren. Sie hat dabei visuell ansprechende Stücke erschaffen, die speziell für Musikvideos, Rock Konzerte, Preisverleihungen, Werbung, Magazine und den roten Teppich gemacht sind.

Ihre erste ready-to-wear Kollektion wurde im September 2010 für die London Fashion Week erstellt. Es handelte sich um eine Kollektion von gedruckten Kleidungsstücken, die in Reaktion mit Sonnenlicht oder Wasser ihre Farbe wechselten.

◄ Thunderstorm Dress

Auf der gegenüberliegenden Seite sieht man das Thunder Dress, ein Kleid aus bedruckten, holographischem Leder, animierten EL-Folien und einem Sound-Sensor. Bei erhöhter Lautstärke ändert sich die leuchtende Animation.

Hannah Perner-Wilson &
Mika Satomi

Hannah Perner-Wilson kombiniert leitende Materialien und Handwerkstechniken und findet so stets neue Wege, um Elektronikprojekte zu entwickeln. Sie hat einen Bachelor-Abschluss in Industrial Design von der University of Art and Industrial Design Linz und einen Master in Media Arts and Sciences vom MIT Media Lab. Sie war Studentin an der High-Low Tech Research Group unter Leitung von Leah Buechley. Ihr Diplom-Projekt, A Kit-of-No-Parts, baut auf ihrer e-textile Arbeit auf und dokumentiert Rezepte für Elektronik aus verschiedensten Zutaten: *http://web.media.mit.edu/~plusea/*

Mika Satomi ist stets auf der Suche nach neuen Wegen, unterschiedlichste Materialien zu verwenden, oder existierende Techniken für ihre Bedürfnisse zu verbiegen. Als Künstlerin wirft Mika Fragen auf, die die Gedanken der Menschen herausfordern, ihre Sinne öffnen und bekannte Ansichten verdrehen. Sie hat einen BA in Graphic Design von der Tokyo Zokei University und einen MA in Media Creation vom IAMAS, Japan. Mika ist zur Zeit Forscherin am Smart Textile Design Lab an der Textilehögskolan in Borås, Sweden.

Seit 2006 arbeiten Hannah und Mika an gemeinsamen Projekten und seit 2008 vereinen sie ihre Arbeit unter dem Schlagwort KOBAKANT. Ihre Arbeit untersucht u.a. das Zusammenspiel von textilen Arbeiten mit Elektronik. Im Jahr 2009 haben sie eine Datenbank mit DIY Wearable Technology Projekten im Internet veröffentlich:

HOW TO GET WHAT YOU WANT: *http://www.kobakant.at/DIY/*

Eight Steps ▶

Eight Steps (2010) von KOBAKANT stellt ein Making-of eines tragbaren Instruments dar. Grundlage ist eine Serie von Workshops, die demonstrieren sollten, wie elektronische Alltagsgegenstände geöffnet und modifiziert werden können, um den eigenen, persönlichen Bedürfnissen und Wünschen besser zu genügen. Es wurden billige, elektronische Klangspielzeuge auseinandergenommen, damit ihre Schaltkreise mit textilen Sensoren verbunden werden konnten. Dabei wurden die massengefertigten »Interfaces« mit neuen, persönlichen und ungewöhnlichen ersetzt. Eight Steps dokumentiert sowohl die Ergebnisse, als auch den Schaffens-Prozess dieser Workshops. 8 T-Shirts dokumentieren 8 Schritte des Zusammenbaus eines Musikinstruments, das als Kleidung getragen werden kann. *http://www.kobakant.at/?p=36*

Eli Skipp

Eli Skipp hat einen Bachelor of Fine Arts with emphasis in writing-Abschluss der School of the Art Institute of Chicago und macht nun ihren Master of Fine Art-Abschluss am California Institute of the Arts. Ihre Wearable-Computing-Projekte hat sie jedoch oft unabhängig von einer akademischen Einrichtung entwickelt. Ihr kreativer Raum war bis jetzt vor allem ein Hackerspace namens PumpingStation:One. Ihr Wissen über Elektronik und Fashion hat sie sich selbst angeeignet und dabei von anderen Mitgliedern des Hackerspaces gelernt.

Viele Projekte können auf ihrer privaten Homepage entdeckt werden: *http://skipp.us/*

Relativ bekannt ist ihr »Fabric light bright«-Projekt, das unter anderem von MAKE Magazine vorgestellt wurde. Es ist eine Art textiles Steckbrett, in das man LEDs stecken kann, die dann leuchten. So kann man schnell ein Display zusammen stecken und am nächsten Tag ein anderes Display auf dem selben »Fabric light bright«-Kissen leuchten lassen.

http://skipp.us/?cat=14

◀ flex-sensor jacket

Die »Flex sensor« Jacke begann als einfaches Nähprojekt. Eine alte Jacke wurde mit einer handgefertigten Stickerei auf dem Rücken und einem Ärmel verziert. Am Anfang waren 96 LEDs chaotisch auf dem Kleidungsstück verteilt und irgendwie durch drei Stoffschichten zu einem LilyPad Arduino verbunden. Dieser erste Ansatz war zu unübersichtlich und kompliziert. Er wurde mit Hilfe von Jordan Bunker und Jeff Kantarek extrem vereinfacht. Ein paar Widerstände und weitere elektronische Bauteile wurden hinzugefügt, um das Chaos zu besiegen. Eine Batterie und ein Flex-Sensor wurden hinzugefügt und so wurde aus der statischen Leuchtjacke ein interaktives Kleidungsstück, das man tatsächlich tragen kann.

Leah Buechley

Leah Buechley leitet die High-Low Tech Forschungsgruppe am MIT Media Lab in den USA. Sie forscht an der Integration von High Tech und Low Tech unter kulturellen, materialwissenschaftlichen und praktischen Gesichtspunkten. Ziel ihrer Forschung ist es, Menschen unterschiedlichster Herkunft die Möglichkeit zu geben, ihre eigenen Technologien zu entwickeln.

http://hlt.media.mit.edu/

Sie ist einer der weltweit bekanntesten Experten im Bereich e-Textiles, und ihre Arbeit umfasst Themen wie textile Leiterplatten und den LilyPad Arduino. Ursprünglich ist Leah Informatikerin mit einem PhD und Master von der University of Colorado und einem Bachelor in Physik vom Skidmore College.

Zu ihren Schülern zählen viele weitere bekannte Personen der Wearable Computing Community, wie zum Beispiel Hannah Perner-Wilson (s.o.).

Turn Signal Biking Jacket ▶

Auf der gegenüberliegenden Seite sehen wir die Turn Signal Biking Jacket – eine Jacke mit einem LilyPad Arduino, zwei Schaltern und vielen LEDs, die blinken, wenn ein Schalter gedrückt wurde. So kann ein Fahrradfahrer ankündigen, dass er links oder rechts abbiegen möchte. Wird ein Knopf im linken Ärmel gedrückt, blinken die LEDs, die den linken Pfeil auf dem Rücken darstellen; wird der rechte Knopf gedrückt, blinkt der rechte Pfeil. Werden beide Knöpfe gleichzeitig gedrückt, blinken alle LEDs sehr auffällig, so dass man mit so einer Jacke nicht mehr übersehen werden kann. Eine Schritt für Schritt Anleitung gibt es hier:

http://web.media.mit.edu/~leah/LilyPad/build/turn_signal_jacket.html

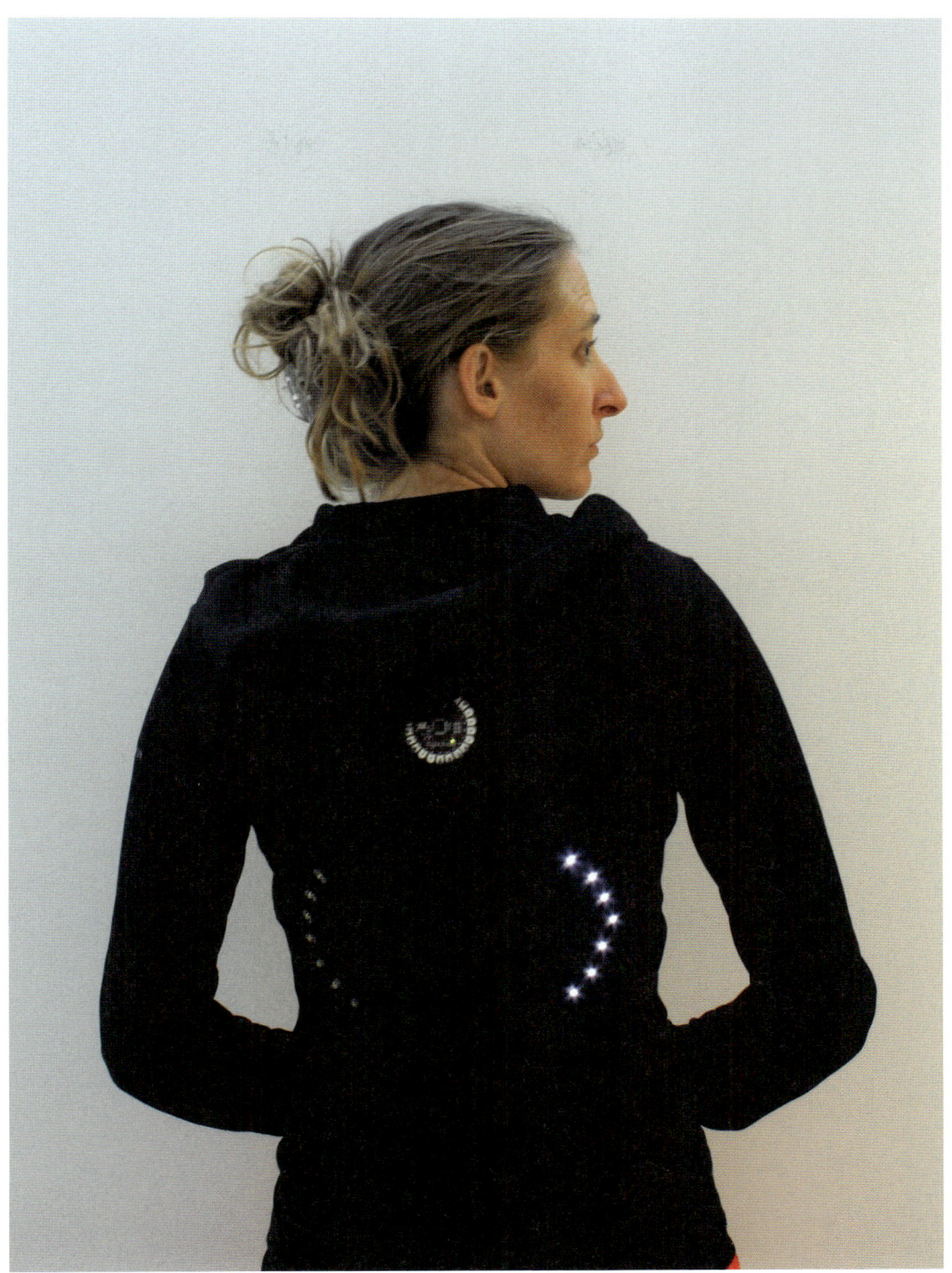

© Lynne Bruning 2008

Kapitel 7: Projekte und Inspirationen

Lynne Bruning

Lynne hat einen Bachelor-Abschluss in Neurophysiologie und einen Master-Abschluss in Architektur. Die Arbeit mit Textilien hat eine lange Geschichte in ihrer Familie und so kam es, dass sie heute die Welt der Wissenschaft mit Textilien, Mode und Technologie verbindet. Sie ist Designerin, Künstlerin, Wissenschaftlerin, Erfinderin und Lehrerin in einer Person und ihre Werke haben bereits viele Preise gewonnen.

Eines Tages kam ein Schüler zu ihr mit einem ungewöhnlichen Wunsch. Er wollte einen Tarnanzug nähen, der leuchtet und einen Aromaduft versprüht, wenn man ihn umarmt. Die Zusammenarbeit mit dem Jungen führte zu einer umfangreichen Sammlung von How-To Videos zum Thema eTextiles:

http://www.lbruning.com/etextiles/projects/how-to-videos-for-wearable-computing/

Jeden Dienstag um 20 Uhr Denver, Colorado Zeit (4 Uhr CEST in Deutschland) ist sie live zu sehen unter:

http://www.lbruning.com/etextiles/projects/etextile-lounge-hackerspace/

Diese Show ist ein globaler, virtueller Hackerspace mit vielen interessanten Gästen aus der Wearable-Computing-Szene. Bring Fragen mit oder stell dein neustes Projekt vor – die Community begrüßt dich mit offenen Armen und Ohren!

◀ Wearable Haptic Coat for the Blind

LilyPad Arduino, Ultraschall-Abstandssensor und Vibrationsmotoren sind die wichtigsten Elemente dieser Jacke. Das Kleidungsstück hilf Menschen mit Sehschwächen dabei, die unmittelbare Umgebung besser wahrzunehmen, indem die Motoren vibrieren wenn etwas in der Nähe ist. Die Jacke wurde fertig gekauft; die Fledermaus auf dem Rücken wurde nachträglich hinzugefügt, um zusätzliche Stärke zu verleihen.

Eine ausführliche Bauanleitung gibt es hier:

http://www.instructables.com/id/Bats-Have-Feelings-Too/

Heidi Schelhowe – eduWear

Prof. Dr. Heidi Schelhowe leitet die AG dimeb – Digitale Medien in der Bildung am Technologie-Zentrum Informatik und Informationstechnik (TZI) der Universität Bremen.

In den Jahren 2006-2008 arbeitete die dimeb mit sechs europäischen Partnern am Projekt EduWear. Ziel von EduWear war es, ein smart textile construction kit zusammen zu stellen, das in Workshops benutzt werden kann. In dem Kit befindet sich u.a. ein Lily-Pad Arduino. Um die Programmierung für Kinder noch leichter zugänglich zu machen, wurde die grafische Amici Programmierumgebung entwickelt. Ziel des Projekts ist, das Zusammenspiel zwischen Technik und Bildung zu stärken. Mehr als 200 Teilnehmer haben in Workshops Kleidungsstücke und andere textile Gegenstände erstellt. Zwei Werke werden nun kurz vorgestellt, mehr Informationen zum Projekt gibt es auf der Webseite:

http://dimeb.informatik.uni-bremen.de/eduwear/

Diebstahlsichere Handtasche ▶

Die diebstahlsichere Handtasche ist in einem Workshop zum Thema »Smart Fashion« entstanden. Drei Mädchen im Alter von 13-14 Jahre haben sie aus einer alten Jeanshose genäht. Komponenten sind ein LilyPad, ein Schalter, LEDs, ein Piezo, leitfähiger Stoff, leitfähiges Garn. Auf dem T-Shirt und auf dem Taschengurt befindet sich leitfähiger Stoff, so dass der Schaltkreis geschlossen ist, wenn die Tasche auf der Schulter liegt. Ein schriller Alarmton wird ausgelöst, wenn die Tasche abgenommen wird. LEDs in der Tasche zeigen an, ob die Alarmfunktion aktiviert oder deaktiviert ist.

Der Fieberteddy »Fiete« ist in einem Workshop mit StudentInnen im Rahmen der Flensburger Sommer-Uni entstanden. Zwei Lehramtstudentinnen haben ihn entwickelt, damit Eltern leichter prüfen können, ob ihr Kind Fieber hat. Der Teddy hat einen Temperatursensor in der Nase integriert. Auf der Rückseite der Ohren wird den Eltern anhand von LEDs angezeigt, ob ihr Kind erhöhte Temperatur hat (grün für normale Temp., rot für erhöhte Temperatur). Die Augen von Fiete sind blaue LEDs, die immer leuchten, wenn Fiete eingeschaltet ist.

LumiNet

LumiNet wurde von Prof. Dr. Jan Borchers entwickelt. Er leitet die Media Computing Group der RWTH Aachen University, wo unter anderem neue Benutzerschnittstellen im Bereich Mensch-Computer-Interaktion entwickelt werden. Seine Idee war, dass ein Netzwerk aus vielen kleinen und kostengünstigen Mikrocontrollern die Entwicklung von Wearable-Computing-Anwendungen vereinfachen sollte.

Von der Natur inspiriert arbeiten möglichst viele LumiNet Knoten in einem Netzwerk zusammen, ähnlich wie Neuronen in unserem Gehirn. Die Software, die auf einem einzelnen Mikrocontroller läuft, ist dabei meist sehr einfach, aber durch das Zusammenspiel vieler Mikrocontroller können Anwendungen geschaffen werden, die mit einem einzigen Arduino nicht realisiert werden können. Wir können LumiNet u.a. mit einem Ameisenstamm vergleichen: eine einzelne Ameise wird sich schwertun, weite Wege zurückzulegen, um Nahrung in den Ameisenbau zu transportieren. Viele Ameisen meistern diese Aufgabe jedoch problemlos, da sie durch einfachste Verhaltensweisen des Individuums zu einer sehr effizienten gemeinsamen Problemlösung kommen.

Eine Hauptfunktion im Bereich Wearable Computing ist es, LEDs blinken zu lassen. Deshalb hat jeder einzelne LumiNet Knoten eine RGB-LED, die in jeder Farbe leuchten kann. Man kann mit vielen LumiNet Knoten also viele LEDs auf einfachste Weise zum Leuchten bringen. Jeder einzelne Knoten kann bis zu vier direkte Nachbarn haben, womit komplexe Netze geschaffen werden können, in denen jeder Knoten seine eigene Intelligenz besitzt.

Neuer Programmcode wird von einem Knoten zu allen Nachbarn weiter gegeben und verteilt sich deshalb wie ein Virus im Netzwerk. Jan Borchers nennt das »programming by infection«.

LumiNet Jacke ▶

Die LumiNet Jacke besteht aus 80 LumiNet Knoten. Organische Algorithmen lassen sich innerhalb kürzester Zeit auf die Jacke programmieren. Es wurde außerdem eine zweite Jacke hergestellt und die beiden Jacken können Signale kabellos via Infrarot aneinander übertragen. Es existiert außerdem eine zugehörige Hose, die ebenfalls Teil des Netzwerks ist.

LumiNet2

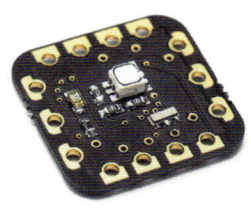

Während jeder LumiNet Knoten bis zu vier direkte Nachbarn haben konnte, ist die Weiterentwicklung etwas eingeschränkter: bei LumiNet2 gibt es für jeden Knoten nur maximal zwei direkte Nachbarn: einen Vorgänger und einen Nachfolger. Das nimmt dem System unnötige Komplexität und erleichtert Anfängern den Einstieg. Die Knoten haben wieder eine RGB-LED, allerdings nun zusätzlich einen Lichtsensor und einen leistungsfähigeren Mikrocontroller, der sie kompatibel zum LilyPad Arduino macht.

Entwickelt wurde das Projekt an der Media Computing Group der RWTH Aachen University unter Leitung von Prof. Dr. Jan Borchers. Die Platinen und die Software wurden von Mariana Bocoi entwickelt. Ziel von LumiNet2 ist es, dort weiter zu machen, wo LumiNet aufgehört hat: Viele preisgünstige Mikrocontroller sollen in einem Netzwerk gemeinsam Aufgaben erledigen, für die ein einzelner LilyPad Arduino keine einfache Lösung bereit stellen kann. Die neuen Knoten lassen sich viel einfacher nähen, sie sind kleiner und können direkt mit dem Benutzer interagieren, da sie einen Lichtsensor besitzen.

Es ist nicht nötig, für LumiNet2 eine Programmiersprache zu lernen, da einfache Leuchtmuster einfach mit einem Smartphone an das Netzwerk geschickt werden können.

Mehr Informationen zum LumiNet Projekt gibt es unter:

http://www.luminet.cc

Mehr zum aktuellen Stand der Forschung im Bereich Wearable Computing an der Media Computing Group findest du auf dieser Webseite:

http://hci.rwth-aachen.de/wearable_computing

Index